Juan-Peter Miranda

Kleine Einführung
in das Alte Testament

W0231837

Juan-Peter Miranda

Kleine Einführung in das
Alte Testament

Verlag Katholisches Bibelwerk

Die Deutsche Bibliothek – CIP-Einheitsaufnahme

Miranda Juan-Peter:
Kleine Einführung in das Alte Testament /
Juan-Peter Miranda. –
Stuttgart : Verl. Kath. Bibelwerk, 2001
    ISBN 3-460-33036-8

Umschlaggestaltung: Dieter Betz, Design – Kommunikation, Friolzheim
Umschlagbild: Juan-Peter Miranda
Druck und Bindung: Ludwig Auer GmbH, Donauwörth

Inhaltsverzeichnis

Vorwort

Viele Menschen suchen heute nach Orientierung für ihr Leben. Auf dieser Suche stoßen sie auf das *Buch der Bücher*, die Bibel. Sie entdecken dabei, dass vor allem der erste Teil der christlichen Bibel, das Alte Testament – hier das Erste Testament genannt – reichlich spirituelle Impulse und praktisch-ethische Weisungen enthält. Wenn ich auf Tagungen die Teilnehmerinnen und Teilnehmer nach Themen frage, die sie sich für die nächsten Kurse wünschen, dann nennen sie in erster Linie Themen, Schriften und Stellen des Alten/Ersten Testaments. Es gibt ein starkes Interesse, die oft vergessenen Wurzeln des Christentums näher kennen zu lernen. Diese Tatsache kann ich aus meiner zehnjährigen Erfahrung als Leiter des „Fernkurs Bibel" beim Katholischen Bibelwerk Stuttgart bestätigen.

In dieser Zeit wurde mir auch immer deutlicher, dass das Material für den „Fernkurs Altes Testament" ohne zusätzliche Informationen und Verbesserungen an Wert verliert. Ein Lehrprogramm muss den aktuellen Informationsstand sowie die heutigen Leserbedürfnisse berücksichtigen. Deshalb ist diese kleine Einführung entstanden. Ich folgte dabei an vielen Stellen der Gliederung des Fernkurs-Materials (Stuttgarter Kleiner Kommentar AT 23, 4. Aufl. Stuttgart 1985), das der verstorbene Alttestamentler Diego Arenhoevel veröffentlicht hat.

Wie der Titel andeutet, will dieses Buch keine erschöpfende Darstellung des Alten/Ersten Testaments nach Art einer Einleitung sein. Deshalb werden nicht alle Bücher dargestellt und besprochen. Viele wichtige Informationen verdanke ich dem neuesten Einleitungswerk von Erich Zenger u.a., Einleitung in das Alte Testament, 3., neu bearb. und erw. Auflage, Kohlhammer Studienbücher Theologie 1,1, Stuttgart/Berlin/Köln 1998. Zur weiteren Information sind am Ende vieler Abschnitte Lesevorschläge zum Bibeltext und Literatur zum Thema angegeben.

Das Alte/Erste Testament ist ein faszinierendes Buch, das die Fülle des Lebens mit Hoch- und Tiefpunkten widerspiegelt. Spontan können wir uns von vielen Stellen: Erzählungen, Liedern, Gebeten oder Sprichwörtern angezogen fühlen. Manche können wir ohne weiteres auf unser Leben beziehen. Andere bleiben uns dunkel oder schwer verständlich. Die Fremdheit der Kultur und Sprache und der große Zeitabstand sind wie ein Graben, der überbrückt werden muss. Dabei kann uns diese kleine Einführung gute Dienste leisten. Sie will zum besseren Verstehen und zur Wertschätzung eines unerlässlichen Glaubenszeugnisses beitragen.

Zum Schluss möchte ich dem Direktor des Katholischen Bibelwerkes, Dr. Franz-Josef Ortkemper, und meinen Kolleginnen, Dipl.-Theol. Dipl.-Päd. Helga Kaiser, Dr. Bettina Eltrop und Dipl.-Theol. Dipl.-Päd. Renate Becker, für Durchsicht und Korrektur des Manuskripts herzlich danken. Mein Dank gilt auch dem Verlag Katholisches Bibelwerk für die Aufnahme dieses kleinen Buches in das Verlagsprogramm und Herrn Sebastian Tonner für die Betreuung des Buches.

Juan-Peter Miranda

1 Das Alte Testament – das Erste Testament

1.1 „Das Alte Testament" – eine nicht unproblematische Bezeichnung

Bei „alt" denken wir an veraltet, vergangen oder vorläufig, überholt und entbehrlich – dies vor allem in der Gegenüberstellung zu neu, frisch und aktuell. Da die christliche Bibel aus zwei großen Teilen besteht, die man gewöhnlich das Alte und das Neue Testament nennt, ist die Bezeichnung Altes Testament für den ersten Teil der Bibel jedenfalls problematisch. Es wäre nicht nur pietätlos, sondern es grenzte an Überheblichkeit, wenn das Alte Testament als dunkle Kontrastfolie benutzt würde, auf der die neutestamentlichen Aussagen umso heller leuchten sollten. Denn das Alte Testament war nicht nur die Bibel Jesu, sondern auch die einzige heilige Schrift der frühen christlichen Gemeinden. Daher soll hier die Bezeichnung „das Erste Testament" (ET) verwendet werden. Das Wort Testament, obgleich es vom lateinischen testamentum herrührt und als Übersetzung des griechischen Wortes diatheke dem hebräischen Wort berit (= Bund) wohl entspricht, birgt die Assoziation mit dem Testament, der letztwilligen Verfügung eines Sterbenden, in sich.

Wie aktuell und faszinierend die Texte des Ersten Testaments sein können, davon erzählen immer wieder Menschen, die sich auf diese alten Texte einlassen. Diese sind lebendiger und ins Leben direkt übertragbarer als die uns Christen wohl bekanntere, aber oft hoch theologischen Texte des Neuen Testaments. Das Erste Testament kann auch dazu helfen, die christliche Verkündigung zu erden. Denn Gottes Heil kann nie und nimmer weltlos sein.

Lit.: E. Zenger, Das Erste Testament. Die jüdische Bibel und die Christen, Düsseldorf 1991 – ders., Gemeinsame Bibel für Juden und Christen: ders. (Hrsg.), Lebendige Welt der Bibel. Entdeckungsreise in das Alte Testament, Freiburg u.a. 1997, S. 184–191 – N. Lohfink, Der niemals gekündigte Bund. Exegetische Gedanken zum christlich-jüdischen Gespräch, Freiburg 1989 – Th. Söding, Mehr als ein Buch. D e Bibel begreifen, Freiburg 1995, S. 90–117 – A. Schenker, Der nie aufgehobene Bund. Exegetische Beobachtungen zu Jer 31,31–34: E. Zenger (Hrsg.), Der Neue Bund im Alten. Zur Bundestheologie der beiden Testamente, QD 146, Freiburg 1993, 85–112 – Bibel und Kirche 1/2000

(Thema: Zwei Testamente – eine Bibel) – *Ch. Dohmen – Th. Söding* (Hrsg.), Eine Bibel – zwei Testamente. Positionen Biblischer Theologie, UTB 1893, Paderborn 1995 – *Ch. Dohmen,* Vom Umgang mit dem Alten Testament, NSK-AT 27, Stuttgart 1995 – *I. Baldermann u. a.* (Hrsg.), Altes Testament und christlicher Glaube, JBTh 6, Neukirchen-Vluyn 1991

1.2 Das Erste Testament – eine Bibliothek

Die Bezeichnung „Bibel" wird aus dem griechischen Wort biblia (Pluralform von biblion = Verkleinerungsform von biblos = Buch) über das Latein abgeleitet. Das griechische Wort biblia ist seinerseits die Übersetzung des hebräischen Ha-Sefarim = die Bücher (vgl. Dan 9,2). Als das maßgebende religiöse Buch kann die Bibel als *das* Buch der Bücher gelten. Fälschlicherweise wurde das lateinische Wort biblia, das wie das griechische ein Plural neutrum ist, für Singular femininum gehalten, so dass die Vorstellung eines einheitlichen Buches entstehen konnte. Tatsächlich ist die Bibel kein Buch im landläufigen Sinn, sondern eine Büchersammlung. Es handelt sich dabei auch nicht um zwei Bücher, das Erste und das Neue Testament. Besonders das Erste Testament ist eine Sammlung von verschiedenartigen Büchern aus verschiedenen Epochen, gleichsam eine Bibliothek: Neben Geschichtsbüchern stehen da ein Lied- oder Gedichtbuch, eine Novelle, prophetische oder apokalyptische Literatur. Auch die ursprüngliche Form der Bücher, die Buchrolle, macht eine stattliche Bibliothek aus; man bedenke nur, dass schon die in Qumran gefundene Jesaja-Rolle eine Länge von über sieben Metern hat! (vgl. Tab. 1)

Zusammenfassung
Da die Bezeichnung „Altes Testament" Vorurteile gegenüber dem ersten Teil der christlichen Bibel verstärkt, will die Bezeichnung „Erstes Testament" dessen bleibende und grundlegende Bedeutung hervorheben. Das Erste Testament – wie die gesamte Bibel – ist kein einheitliches Buch, sondern eine Sammlung von Schriften, die in verschiedenen Textarten oder literarischen Gattungen Glaubenserfahrungen bezeugen.

Geschichtsbücher	Sagen	Novellen	Gesetze	Dichtung
1/2 Kön, 1/2 Chr 1 Sam 16 – 2 Sam 5.7–8 (Davids Aufstieg) 2 Sam 6.9–20; 1 Kön 1–2 (Thronnachfolge Davids) 1 Makk	Gen 12–35 (Erzelternerzählung) Richter	Gen 37–50 (Josefserzählung) Rut, Ester, Judit	Ex 20–23 (Bundesbuch) Lev 17–26 (Heiligkeitsgesetz) Dtn 12–26 (Deuteronomisches Gesetz)	Ijob Hoheslied

Prophetenlegenden	Prophetische Literatur	Lieder/Gebete	Apokalyptische Literatur	Erbauungsliteratur	Werbeschrift	Sprichwörter/Weisheitsreden
1 Kön 17 – 2 Kön 9 2 Kön 18–20 Jes 36–39	Jes, Jer, Ez Zwölfprophetenbuch	Psalmen Klagelieder	Daniel	2 Makk	Weisheit	Sprüche Kohelet

Tab. 1: Die Bibliothek des Ersten Testaments

1.3 Der Umfang des ersttestamentlichen Kanons

Kanon (ein griechisches Lehnwort aus dem semitischen/hebräischen kanäh = *Schilfrohr* mit der Bedeutung „Messstab/Maßstab") wird das Verzeichnis der für eine Glaubensgemeinschaft verbindlichen heiligen Bücher genannt.

Wer verschiedene Bibelausgaben miteinander vergleicht, kann feststellen, dass Anzahl und Anordnung der ersttestamentlichen Bücher je nach Konfessions- oder Religionszugehörigkeit beträchtlich variieren. So zählt die jüdische Bibel 22 Bücher, die evangelische 39 und die katholische 46 Bücher. Woher kommen diese Unterschiede?

In den 22 „jüdischen" sind die 39 „evangelischen" Bücher enthalten. Hier unterscheiden sich nur die Zählweisen: Die Schriften der Kleinen Propheten zählen die Christen einzeln als 12 Bücher, die Juden hingegen fassen sie zu einem Buch zusammen, dem Zwölfprophetenbuch. Umgekehrt werden in der jüdischen Bibel 1 und 2 Samuel, 1 und 2 Könige, Esra/Nehemia und 1 und 2 Chronik als je ein Buch gezählt. Außerdem sind Rut in Richter und Klagelieder in Jeremia inbegriffen. Dadurch entsteht die Zahl 22, die den 22 Buchstaben des hebräischen Alphabets entspricht. Die Zahl 22 erwähnt der jüdische Schriftsteller Flavius Josephus in seinem um 95 n. Chr. geschriebenen Verteidigungsschreiben gegen Apion, einem der ersten antijüdischen Autoren. In der ungefähr gleichzeitig entstandenen apokalyptischen Schrift 4 Esra wird die Zahl 24 genannt, da hier Rut und Klagelieder als einzelne Bücher angeführt werden. Auch die Zahl 24 ist keine beliebige Zahl, als Produkt von 2 mal 12 drückt sie Vollständigkeit und Abgeschlossenheit aus.

Die „katholische Bibel" umfasst über die 39 Bücher hinaus noch weitere sieben: *Tobit, Judit, 1 und 2 Makkabäer, das Buch der Weisheit, das Buch Jesus Sirach und das Buch Baruch.* Dazu kommen noch *Teile der Bücher Ester und Daniel.* Diese Bücher und die ergänzenden Teile nennt man nach katholischem Sprachgebrauch „deuterokanonisch" (griech. *deuteros* = zweiter; *kanon* = maßstäbliches Verzeichnis). Diese Bücher und Teile werden in den evangelischen Bibelausgaben „Apokryphen" (griech. = verborgen, geheim) genannt und zwischen dem Ersten und dem Neuen Testament gedruckt. Martin Luther hat sie als „so der Heiligen Schrift nicht gleich gehalten, und doch nützlich und gut zu lesen" charakterisiert. Die Bezeichnung „apokryph" bringt Verwirrung, da Katholiken das gleiche Wort für außerbiblische Schriften gebrauchen. Diese erheben zwar selber den Anspruch, heilige Bücher zu sein, sind aber von der Kirche nicht offiziell als solche anerkannt worden. Die evangelischen Christen bezeichnen diese Schriften als „Pseudepigraphen" (= falsche Verfassernamen). Diese Bücher nennen als ihre Verfasser meistens Personen aus uralter Zeit, z.B. Henoch, Noach, Abraham, Salomo oder Esra.

Das Konzil von Trient hat in der 4. Sitzung am 8. April 1546 für die Katholische Kirche verbindlich erklärt, dass auch die deuterokanonischen Bücher als „heilig und kanonisch" anzunehmen seien, und zwar so, „wie sie in der Katholischen Kirche gelesen zu werden pflegen und in der alten allgemein verbreiteten lateinischen Ausgabe enthalten sind."

Entstehung des ersttestamentlichen Kanons

Die verbreitete These, dass eine endgültige Festlegung des jüdischen Kanons durch eine vermeintliche „Synode" in Jamnia (Jabne) um 100 n. Chr. vorgenommen worden sei, ist historisch unzutreffend. Dagegen trifft es zu, dass Flavius Josephus gegen Ende des 1. Jh. n. Chr. die Liste der heiligen Bücher für abgeschlossen und ihren Text für unantastbar hält und damit wohl einen Konsens der damaligen Judenheit wiedergibt. Dennoch ist die Idee einer in Wortlaut und Umfang abgeschlossenen, für jüdische Identität normativen Sammlung heiliger Bücher älter. In der Einleitung zur griechischen Übersetzung des Werkes des Jesus Sirach (um 190 v. Chr.) spricht sein Enkel um 130 v. Chr. von „Gesetz, Propheten und den übrigen Schriften", setzt also bereits die Dreiteilung des Kanons voraus. Einen Widerhall davon finden wir auch im Neuen Testament: *Darin besteht das Gesetz und die Propheten* (Mt 7,12; vgl. Mt 11,13; Apg 13,15); *was im Gesetz des Mose, bei den Propheten und in den Psalmen über mich gesagt ist* (Lk 24,44). Allerdings scheint sich die Idee eines strengen Kanons erst langsam entwickelt zu haben. Denn die in Qumran gefundenen Handschriften des Psalters zeigen z.B., dass damals noch ganz verschiedene Psalmensammlungen in Umlauf waren.
Der Prozess der Kanonisierung ist am Aufbau der Jüdischen Bibel ablesbar. Die drei Teile *Tora* (Gesetz), *Nebi'im* (Propheten) und *Ketubim* (Schriften) zeigen die drei Etappen der Kanonisierung.
Die Samaritaner, eine Mischbevölkerung im Gebiet von Samaria, baute nach den Auseinandersetzungen mit den jüdischen Rückkehrern aus dem babylonischen Exil einen eigenen Tempel auf dem Berg Garizim bei Sichem (128 v. Chr. von Johannes Hyrkan I. zerstört) und bildete eine eigene Kultgemeinde; sie hatten nur die Tora (die 5 Bücher Mose/den Pentateuch) als heilige Schrift. Zur Zeit ihrer Trennung vom offiziellen Jerusalemer Kult wurde also nur die Tora als heilige Schrift allgemein akzeptiert. Dass das Danielbuch, eine apokalyptisch-prophetische Schrift, nicht in den Teil „Nebi'im"

(Propheten) aufgenommen, sondern in den „Ketubim" (Schriften) untergebracht wurde, geht auf die späte Zeit seiner Entstehung (um 165 v. Chr.) zurück. Denn der Prophetenteil war bereits abgeschlossen. Und über die Heiligkeit, d.h. die Frage nach der Zugehörigkeit der Bücher Kohelet und Hohelied zu den Ketubim, wurde bis um das Jahr 100 n. Chr. (und z. T. noch länger) unter den Schriftgelehrten kontrovers diskutiert.

Auch die Christen bildeten einen Kanon. Auch bei ihnen entstand der Kanon in einem langsamen Entstehungsprozess. Der theologische Außenseiter Markion († um 160) vertrat erstmals die Idee eines abgeschlossenen Schriftkanons. Er verwarf aber die jüdischen Schriften insgesamt und hielt nur an einem verkürzten Kanon des Neuen Testaments (Lk und 10 Paulusbriefe) fest; er konnte sich aber nicht durchsetzen. Die Großkirche hielt an der Kontinuität von Erstem und Neuem Testament fest.

Der alexandrinische Patriarch Athanasius folgte in seinem Osterfestbrief von 367 dem jüdischen Kanon, allerdings ohne das Esterbuch. Für Neulinge des christlichen Glaubens aber, die fromme Belehrung wünschten, zählt er noch folgende Bücher auf: Weisheit, Sirach, Ester, Judit, Tobit und dazu noch die frühchristlichen Schriften Didaché und Hirte des Hermas. Hieronymus befürwortet ebenfalls den jüdischen Kanon.

Auf den nordafrikanischen Synoden von Hippo (393) und Karthago (397 und 419) wurde der um die sieben deuterokanonischen Bücher erweiterte Kanon gutgeheißen, der noch heute in der Katholischen Kirche gültig ist. Es handelt sich dabei um einen Kanon, der damals dem durchschnittlichen Schriftgebrauch der Christenheit in Nordafrika und wohl auch im Westen entsprach. Dieser erweiterte Kanon orientierte sich an der Septuaginta (LXX), der griechischen Übersetzung der hebräischen Bibel mit ihren zusätzlichen Schriften. Aufgrund der Heidenmission und der beherrschenden Rolle der Heidenchristen hat die junge christliche Kirche die heiligen Schriften des Judentums in der griechischen Gestalt übernommen, die durch die Septuaginta geprägt war. Allerdings kennen wir die Gestalt und den Umfang der jüdischen Septuaginta nicht, da nur christliche Septuaginta-Handschriften erhalten sind. Die christliche Septuagintaüberlieferung ist nicht einheitlich. In ihr begegnen weitere Schriften wie 3 Esra, 3 und 4 Makkabäer, die Psalmen Salomos und das Gebet des Manasse, die nicht in die späteren kirchlichen Kanonverzeichnisse aufgenommen wurden.

Einteilung des ersttestamentlichen Kanons

Folgende Übersichtstafel zeigt den Aufbau sowie den genauen Umfang des jüdischen Kanons im Vergleich mit dem christlichen auf. Die deuterokanonischen Bücher sind *kursiv* gesetzt.

Die jüdische Bibel (TaNaK)	Das Erste Testament der christlichen Bibel
Tora / Gesetz Genesis, Exodus, Levitikus, Numeri, Deuteronomium	**Die fünf Bücher Mose / Der Pentateuch** Genesis, Exodus, Levitikus, Numeri, Deuteronomium
Nebi'im / Propheten die vorderen Propheten: Josua, Richter, 1 und 2 Samuel, 1 und 2 Könige	**Die Bücher der Geschichte** Josua, Richter, Rut, 1 und 2 Samuel, 1 und 2 Könige, 1 und 2 Chronik, Esra, Nehemia, *Tobit, Judit,* Ester, *1 und 2 Makkabäer*
die hinteren Propheten: Jesaja, Jeremia, Ezechiel und das Zwölfprophetenbuch (Hosea, Joel, Amos, Obadja, Jona, Micha, Nahum, Habakuk, Zefanja, Haggai, Sacharja, Maleachi)	**Die Bücher der Weisheit** Ijob, Psalmen, Sprichwörter, Kohelet, Hohelied, *Weisheit, Jesus Sirach*
Ketubim / Schriften Psalmen, Ijob, Sprichwörter, Rut, Hohelied, Kohelet, Klagelieder, Ester, Daniel, Esra, Nehemia, 1 und 2 Chronik	**Die Bücher der Prophetie** Jesaja, Jeremia, Klagelieder, *Baruch,* Ezechiel, Daniel und das Zwölfprophetenbuch (Hosea, Joel, Amos, Obadja, Jona, Micha, Nahum, Habakuk, Zefanja, Haggai, Sacharja, Maleachi)

Die Juden nennen ihre Heilige Schrift Tanach (TNK, K wie ch ausgesprochen). Das mit dem Anfangsbuchstaben der Wörter Tora (Gesetz), Nebi'im (Propheten) und Ketubim (Schriften) gebildete Kunstwort Tanach (**TNK**) will die jüdische Bibel als ein planvolles Ganzes bezeichnen und damit auch die Einheit der unterschiedlichen Bücher aufzeigen. Diese Gliederung zeigt auch die Entwicklung und Entstehung des Kanons der Heiligen Schriften. Darüber hinaus entspricht die gestufte Abfolge der drei Teile ihrem unterschiedlichen kanonischen Gewicht und der unterschiedlichen Ver-

	Tora
Dtn 34,10–12	Dtn 34,9
	Jos 1,7f.13
	Nebi'im
Mal 3,22–24	Mal 3,22
	Ps 1,1–3.6
	Ketubim
2 Chr 36,22f	

Tab. 2: Der Tanach – Gotteslehre als Lebenslehre (nach Zenger, Einleitung, S. 26–27)

Nebi'im	Ketubim
Jes 1,10–20	Ps 1
Jes 2,1–5	Ps 2
Mal 3	Ps 1–2

Tab. 3: Die Tora im Spannungsfeld Israel – Völker bzw. Gerechte – Frevler (nach Zenger, Einleitung, S. 27)

wendung in der synagogalen Liturgie bis heute. Die Tora ist das Fundament, auf das sich die anderen beiden Teile beziehen. Sie wird im Sabbatgottesdienst im Rahmen einer fortlaufenden Lesung vorgetragen. Die Nebi'im (Propheten) gelten als Kommentare zur Tora; daher werden für den Synagogengottesdienst am Sabbat und an den Festtagen gezielt solche Abschnitte aus den Prophetenbüchern ausgewählt, die den Tora-Stellen entsprechen (die Prophetenlesung heißt auf Hebräisch *Haftara*; das Wort bedeutet wörtlich „Trennung", „Verabschiedung"; Pluralform: *Haftarot*). Die Ketubim (Schriften) haben dagegen keine große liturgische Bedeutung – ausgenommen die Psalmen und die fünf Megillot (Pluralform von megillah = Schriftrolle): Rut, Hld, Koh, Klgl, Ester.

Jeder Teil hat einen programmatischen Schlusstext: Dtn 34,10–12 für die Tora; Mal 3,22–24 für die Nebi'im; 2 Chr 36,22–23 für die Ketubim. Außerdem sind alle drei Teile thematisch oder durch Stichworte aufeinander bezogen. Der Anfang der „Vorderen Propheten" (Jos 1) ist mit dem Schluss der Tora und der Nebi'im und zugleich mit dem Anfang der Ketubim verkettet: Dtn 34,9; Jos 1,7f.13; Mal 3,22; Ps 1,1–3.6. Diese Verknüpfung zeigt die zentrale Stellung der Tora und unterstreicht zugleich, dass die Tora und der gesamte Tanach eine einzige *Gotteslehre als Lebenslehre* sind. (Vgl. Tab. 2) Weitere Verbindungslinien zeigen die zentrale Bedeutung der Tora als Weisung zum Leben, und dies nicht nur für Israel, sondern auch für die Völker; so stellt der Anfang der „Hinteren/Späteren Propheten" (Jes 1.2) die Tora in das Spannungsfeld Israel – Völker: Jes 1,10–20; 2,1–5; dieses Spannungsverhältnis wird am Anfang des Psalmbuchs (Ps 1.2) aufgegriffen. Und der Schluss des Prophetenteils (Mal 3,13–24) weist dann die Thematik von Ps 1 und 2 auf, den Gegensatz Frevler – Gerechte; die eschatologische Perspektive des Gerichts und die Möglichkeit der Rettung durch die Tora.

Tora

Der erste Teil des Tanach ist die *Tora.* Das Wort Tora wurde einseitig durch das Wort *Gesetz* übersetzt, es bedeutet aber positiv *Weisung und Lehre (zum gelingenden Leben).* Die Tora umfasst fünf Bücher; daher der griechische Name *Pentateuch* (Fünfrollen-Buch; penta = fünf; teuchos = Behälter für Schriftrolle). Während die jüdische Tradition die fünf Bücher nach ihren hebräischen Anfangsworten benennt, haben sich im Christentum die in der griechischen/lateinischen Bibelübersetzung verwendeten Überschriften, die den jeweiligen Inhalt angeben, durchgesetzt (neben den Bezeichnungen 1.–5. Buch Mose). Tabelle 4 zeigt einen Überblick darüber.

b^{e}reschit »im Anfang«	Sch^{e}mot »Namen«	wajjiqra' »er rief«	b^{e}midbar »in der Wüste«	d^{e}barim »Worte«
Genesis	Exodus	Levitikus	Numeri	Deuteronomium
»Ursprung«	»Auszug«	»das levitische/ priesterliche Gesetzbuch«	»Zahlen/ Zählungen«	»das zweite Gesetz/die zweite Ausgabe des Gesetzes«
1. Mose	2. Mose	3. Mose	4. Mose	5. Mose

Tab. 4: Die Tora

Jedes der fünf Bücher hat sein eigenes erzählerisches und theologisches Profil:
- Das Buch Genesis (1. Mose) erzählt die Ursprünge Israels in der Art einer Familiengeschichte und deren Verankerung in der Urgeschichte.
- Das Buch Exodus (2. Mose) erzählt den Anfang der Volksgeschichte Israels als Herausführung (= Befreiung) der zu einem großen Volk gewordenen Nachkommen der 12 Söhne des Jakob.
- Das Buch Levitikus (3. Mose) entwirft die von JHWH verkündete Grundordnung Israels als „heiliges Volk".
- Das Buch Numeri (4. Mose) erzählt Israels Aufbruch vom Sinai, wieder durch die Wüste, bis an die Grenze des Verheißenen Landes.
- Das Buch Deuteronomium (5. Mose) wird als „Testament des Mose" als eine viergliedrige Redekomposition mit dem Akzent auf der Tora des Mose gestaltet.

Die fünf Bücher wollen auch als planvolle Komposition gelesen werden, die ein theologisches Programm aufweist. Erzählungen und Rechtstexte werden zu einer Einheit miteinander verbunden; auf diese Weise wird die Tora als Geschichte und regulative Weisung ausgewiesen. Deren Begründung liegt in der befreienden Barmherzigkeit JHWHs selber. So gelesen, weist die Tora/der Pentateuch folgende Struktur auf:

Genesis	Exodus	Levitikus	Numeri	Deuteronomium
Geschichte→ (als Verheißung)	Geschichte→ (Gericht ↔ Rettung)	Gesetz→ (Sinai)	Geschichte→ (Gericht ↔ Rettung)	Gesetz (als Verheißung)
Gen 1–9		Lev 16f		Dtn 30–33
Fundament: Schöpfung		*Mitte:* Versöhnung		*Perspektive:* Tod – Leben

Tab. 5:   Die Struktur der Tora

Nebi'im

Der zweite Teil der Jüdischen Bibel umfasst die Bücher der Propheten (*Nebi'im*). Literarisch gesehen, sind hier zwei verschiedene Buchgruppen zusammengefasst, die auch von der jüdischen Tradition unterschiedlich benannt werden:
– Die „Vorderen/Früheren Propheten" (*neb'im ri'schonim*) sind „Geschichtsbücher" im engeren Sinne. Warum wurden sie zu den Prophetenbüchern gezählt? Entweder wurde die Verfasserschaft Propheten zugeschrieben (so gilt Samuel als Verfasser der Bücher Josua, Richter und Samuel) oder Propheten spielen in diesen Büchern eine wichtige Rolle (so Elija, Elischa, Jesaja, Micha ben Jimla, die Prophetin Hulda und andere Propheten in den Büchern der Könige). Diese Bücher (Jos – 2 Kön) stellen die Geschichte Israels von der Landnahme unter Josua bis zum Exil dar.
– Die „Hinteren/Späteren Propheten" (*nebi'im 'acharonim*) sind die prophetischen Bücher im engeren Sinn: In diesen Büchern hat Israel einen wichtigen Strom der prophetischen Tradition festgehalten. Diese „kanonisierten" Propheten sind Kritiker und Visionäre. Als Kritiker decken sie auf, wo und warum Israel sich von seiner Sendung entfernt hat, und nennen die Verantwortlichen dafür. Als Visionäre verkünden sie eine neue Welt und Gottes Heil in der Zukunft. Beide Male stellen sie den Status quo in Frage und relativieren so die Macht der Mächtigen – eine not-

wendige Provokation in allen Bereichen des gesellschaftlichen und religiösen Lebens.

Ketubim

Im dritten Teil der Jüdischen Bibel, Ketubim (Schriften), begegnet uns eine bunte Mischung, die einer Anthologie verschiedener literarischer Gattungen gleicht: Historiographie (Chr, Esra, Neh), Dichtung (Ps, Klgl, Hld), Novellen (Rut, Ester), Weisheitsliteratur (Spr, Ijob, Koh) und apokalyptische Literatur (Dan). In der jüdischen Überlieferung haben fünf der „Schriften" im Festkalender eine besondere Bedeutung erhalten und werden deshalb *megillot* „Festrollen" genannt, so *Rut* für das Wochenfest (Zeit der Getreideernte und Gabe der Tora am Sinai), *Hoheslied* für Pesach (Fest der Befreiung aus Ägypten), *Kohelet* für das Laubhüttenfest (Zeit der Weinlese, Erinnerung an Gottes Führung in der Wüste); *Klagelieder* für den Gedenktag der Tempelzerstörung und das Buch *Ester* für das Purimfest (Erinnerung an die Rettung vor dem durch Haman geplanten Judenpogrom im Perserreich).

Gegenüber der jüdischen Einteilung betont die christliche Einteilung den geschichtlichen Aspekt und verführt so zum historisierenden Verständnis. Die traditionelle Einteilung zählte die fünf Bücher Mose zu den Geschichtsbüchern, obwohl das dritte (Lev) und fünfte (Dtn) fast ausschließlich Gesetze oder Predigten und das erste (Gen) Mythen, Sagen und Novellen enthalten. Auch die Bücher Rut, Tobit und Judit werden unter die „Geschichtsbücher" eingereiht. Die Klagelieder werden unter die Propheten, und zwar hinter Jeremia, eingeordnet, weil sie ihm als Verfasser zugeschrieben werden. Durch die neue Einordnung wird die Systematik der Jüdischen Bibel zerstört. Wir können ihr dennoch eine positive Seite abgewinnen, wenn wir eine Parallelität zwischen dem Ersten und dem Neuen Testament unter dem Einteilungsschema von Grundlegung und Zeitdimensionen (Vergangenheit – Gegenwart – Zukunft) sehen (vgl. Tab. 6).

Grundlegung	Tora	Evangelien
Vergangenheit	Bücher der Geschichte	Apostelgeschichte
Gegenwart	Bücher der Weisheit	Apostelbriefe
Zukunft	Bücher der Prophetie	Johannesapokalypse

Tab. 6: Parallelität zwischen Erstem und Neuem Testament

Zusammenfassung

Die Entstehung eines für eine Glaubensgemeinschaft verbindlichen Kanons heiliger Schriften ist ein langer Prozess. Nach und nach erfolgt die Festlegung der verschiedenen Schriftensammlungen. Die drei Teile der Hebräischen Bibel (Tora, Nebi'im und Ketubim) spiegeln den Prozess der Kanonisierung, die endgültige Festlegung und Erhebung dieser Bücher zu heiligen, d. h. zum Verlesen im Gottesdienst zugelassenen, Schriften wider. Dieser Prozess zeigt auch die Wichtigkeit und Bedeutung dieser Schriftensammlungen: An erster Stelle steht – gleich einem alles Nachfolgende tragenden Fundament – die Tora (Gesetz), ihr folgen Nebi'im (Propheten) und Ketubim (Schriften).

Lesevorschlag: Neh 8,1–12; Dtn 13,1; 17,18–20; 2 Makk 2,13–15; griech. Vorwort zu Sir

Lit.: E. Zenger u.a., Einleitung in das Alte Testament, 3., neu bearb. u. erw. Aufl. Stuttgart 1998, S. 22–35 – *ders.,* Entstehung und Aufbau des Alten/Ersten Testaments: ders. (Hrsg.), Lebendige Welt der Bibel. Entdeckungsreise in das Alte Testament, Freiburg u.a. 1997, S. 126–140 – *Ch. Dohmen / M. Oeming,* Biblischer Kanon, warum und wozu? Eine Kanontheologie, QD 137, Freiburg 1992 – *I. Baldermann u. a.* (Hrsg.), Zum Problem des biblischen Kanons, JBTh 3, Neukirchen-Vluyn 1988

1.4 Vorsprachen und Übersetzungen

Wenn wir eine Bibel zur Hand nehmen, ist sie in der Regel eine deutsche Übersetzung und nicht der Text in der Ursprache *(hebräisch* für den weitaus größten Teil des Ersten Testaments, *aramäisch* für die großen Textblöcke Esra 4,8 – 6,18; 7,12-26; Dan 2,4 – 7,28 und zwei isolierte Verse Gen 31,47; Jer 10,11 und *griechisch* für die sieben deuterokanonischen Bücher.)

24

Übersetzungen können niemals das fremdsprachige Original ersetzen. Wer könnte das geglückte Wortspiel in Koh 7,1 in einer Übersetzung auch nur vermuten: „Besser ist ein guter *Name* (schem) als *Parfüm* (schämän). In Gen 2,23 versuchen manche Übersetzungen das Wortspiel *isch – ischa* durch *Mann – Männin* zu retten. Dass Übersetzungen irreführen können oder selber irregeführt wurden, zeigt uns die Kunstgeschichte mit der gehörnten Gestalt des Mose. Der Kirchenvater Hieronymus (347–420) hat dies durch seine einflussreiche lateinische Übersetzung des Ersten Testaments mitverursacht; er hat nämlich das hebräische Verb *qaran* (strahlen) in Ex 34,29 mit *gehörnt sein* übersetzt, das sich auf das Gesicht des Mose bezieht (cornuta esset facies sua).

Um Einseitigkeiten zu vermeiden, ist der Gebrauch verschiedener Übersetzungen zu empfehlen. Aber eine Übersetzung ist immer eine Über-setzung; sie beinhaltet bereits eine Auslegung. Daher ist die Philologie ein unentbehrliches Hilfsmittel für die Bibelauslegung.

In der Bibel wird das Hebräische, das sprachgeschichtlich zum Kanaanäischen gehört, in Jes 19,18 ganz richtig „Sprache Kanaans" genannt. Der Name „Hebräisch" begegnet uns im griechischen Vorwort von Jesus Sirach. Dagegen benutzten die Rabbinen die Bezeichnung „heilige Sprache". Als landschaftsgebundene Dialektgruppe ist das Hebräische mit dem Edomitischen, Moabitischen, Ammonitischen und Phönizisch-Punischen verwandt. Diese Sprachen gehören zu der großen semitischen Sprachfamilie, die sich vom Zweistromland (Akkadisch: Assyrisch und Babylonisch) über Nordsyrien (Ebla, Amoritisch, Ugaritisch) und Kanaan bis nach Arabien und Äthiopien erstreckt. Zu ihnen gehört auch das Aramäische mit seinen vielen Dialekten.

Kennzeichnend für die semitischen Sprachen sind vor allem die Kehllaute, die emphatischen Laute und die aus meist drei Konsonanten, so genannten Radikalen, bestehende Wurzel, an der die allgemeine Bedeutung eines Wortes haftet. Eine weitere wichtige Eigenart sind die Form des Tätigkeitswortes (Verb) und die damit zusammenhängenden Bedeutungsunterschiede. Es begegnen uns nicht die vertrauten Verbformen, welche die Zeit genau bestimmen als Vergangenheit, Gegenwart und Zukunft. Im Vordergrund steht vielmehr der Aspekt von Vollständigkeit (ausgedrückt im Perfekt) und Unvollständigkeit (ausgedrückt im Imperfekt) der Handlung. Das Erste wird durch Nachsilben (Afformative) zur Identifizierung

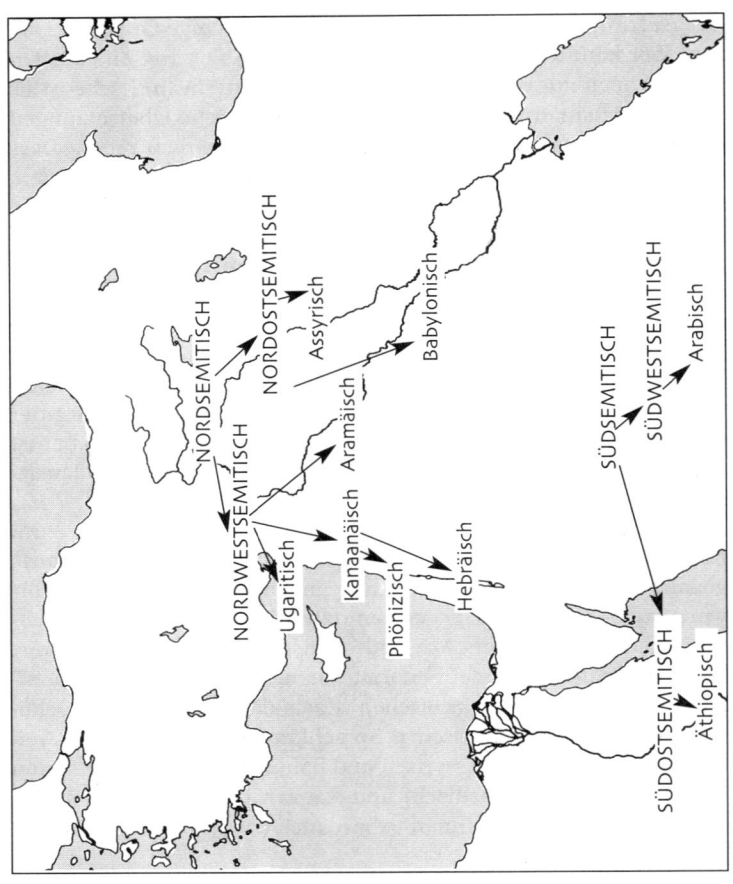

Abb. 1: Karte des Vorderen Orients mit den semitischen Sprachen (nach: Atlas
der semitischen Sprachen; Umrisskarte aus: Arbeitsfolien Religion Teil 1,
© 1991 by Calwer Verlag Stuttgart und Kösel-Verlag München)

der Person, z.B. KaTaB-ta (du [Mann], hast geschrieben) und das
Letztere durch Vorsilben (Präformative), z.B. ti-KToB (du [Mann]
schreibst gerade), gebildet. Außerdem gibt es die Möglichkeit, die
überwiegend dreiteilige Wurzel durch Hinzufügen eines weiteren
Konsonanten oder durch Verdoppelung des mittleren Buchsta-
bens/Konsonanten zu ergänzen, z.B. QaTaL (er hat getötet) ? hiQTiL
(er hat töten lassen) oder QiTTeL (er hat umgebracht). Dadurch hat

die hebräische Sprache die Möglichkeit einer vielfältigen Verfeinerung der ursprünglichen Bedeutung des Verbs. Es ist daher nicht richtig, das Hebräische als eine arme Sprache zu bezeichnen.

Das Hebräische hat den indoeuropäischen, dem analytischen Denken verhafteten Sprachen gegenüber, wichtige Vorzüge; in der hebräischen Sprache begegnet uns ein auffälliges/ausgesprochenes Einheits- und Ganzheitsdenken: So bezeichnen die hebräischen Wörter für Seele (nephesch) und Fleisch (basar) nicht Teile des Menschen – wie in der späteren christlichen theologischen Fachsprache –, sondern immer den *ganzen* Menschen, wenn auch je unter verschiedener Hinsicht. Auch das starke Vorherrschen der Tätigkeitswörter entspricht einer Mentalität, welche die Welt weniger als Ansammlung von Gegenständen denn als Abfolge von Geschehen begreift. Deswegen wird das Hebräische zu Recht als dynamische Sprache charakterisiert.

Wie kommt das Aramäische in die hebräische Bibel? Israel war etwa 600 bis 330 v. Chr. eine Provinz orientalischer Großmächte, in denen das Aramäische die Umgangssprache war. Der babylonische König Nebukadnezzar, der 586 v. Chr. Jerusalem eroberte und viele Juden in sein Land verschleppte, sprach ebenso Aramäisch wie der Perserkönig Kyrus, der das babylonische Reich zerstörte und den Juden 538 v. Chr. die Rückkehr in ihre Heimat ermöglichte. Viele der Rückkehrer sprachen nur Aramäisch, und als Nehemia um das Jahr 450 v. Chr. in Jerusalem aus einem Gesetzbuch öffentlich vorlesen ließ, kam er ohne zweisprachige Dolmetscher nicht aus. Das Aramäische begann so das Hebräische zu verdrängen. Jedoch blieb das Hebräische nach wie vor die Hauptsprache des jüdischen Gottesdienstes und der Literatur. Dies ist der Hauptgrund dafür, warum nur wenige Bibeltexte in aramäischer Sprache abgefasst sind. Das Griechische, das wir in den sieben deuterokanonischen Büchern und den Zusätzen der Bücher Ester und Daniel finden, geht auf die Septuaginta zurück. Ursprünglich waren nur zwei Bücher (das Buch der Weisheit und das zweite Makkabäerbuch) auf Griechisch geschrieben, die anderen fünf sind Übersetzungen aus einer hebräischen bzw. aramäischen Grundschrift, die allerdings nicht mehr oder nur bruchstückhaft erhalten ist.

Mit dem Eroberungszug Alexanders des Großen (356–323 v. Chr.) im Osten verbreiteten sich auch dort die griechische Sprache und Kultur, vor allem in den Städten. Schon im 3. Jh. v. Chr. hat die griechische Sprache die aramäische aus ihrer beherrschenden Stellung verdrängt und wurde Weltsprache. Wer gebildet war oder sein wollte und etwas auf sich hielt oder auch nur Geschäfte machen wollte, musste nun Griechisch lernen. In einer Weltstadt wie Alexandrien (von Alexander dem Großen 331 v. Chr. gegründet), in der die griechische Übersetzung der Bibel entstand, konnte es gar nicht anders sein.

Lit.: E. A. *Knauf*, Die Umwelt des Alten Testaments, NSK-AT 29, Stuttgart 1994, S. 190–237 – M. *Kellermann u.a.*, Welt aus der die Bibel kommt. Biblische Hilfswissenschaften, Biblische Basisbücher 2, Kevelaer u. Stuttgart 1982, S. 197–257 – G. *Bergsträßer,* Einführung in die semitischen Sprachen. Sprachproben und grammatische Skizzen, Darmstadt 1977

1.5 Die Septuaginta (LXX)

Die älteste Übersetzung der hebräischen Bibel ist die Septuaginta (= lat. siebzig, auch LXX abgekürzt), die uns allerdings fast ausschließlich durch christliche LXX-Handschriften (Codex Vaticanus = B, Codex Sinaiticus = ℵ bzw. S und Codex Alexandrinus = A) überliefert worden ist. Sie ist aber eine jüdische Übersetzung. Die LXX besaß im hellenistischen Diasporajudentum hohes Ansehen. Ein Zeugnis dafür ist der Aristeasbrief, der um 100 v. Chr. von einem Juden aus Alexandrien verfasst wurde, mit der fiktiven Angabe eines Autors namens Aristeas, der sich als hoher Hofbeamter des Ptolemaios II. Philadelphos (285–246 v. Chr.) ausgibt. Eine legendenhafte Überlieferung erzählt, dass Demetrios von Phaleron, der vermeintliche Begründer der weltberühmten Alexandrinischen Bibliothek, dem König vorgeschlagen habe, die Alexandrinische Bibliothek mit den jüdischen Gesetzen auszustatten; diese müssten allerdings zuvor übersetzt werden. Selbstverständlich setzt man voraus, dass sowohl der hebräische Text als auch geeignete Übersetzer nur vom Hohenpriester in Jerusalem persönlich zu erlangen seien. Also muss ein Empfehlungsschreiben des Königs her, das eine Gesandtschaft nach Jerusalem überbringt, zu der auch Aristeas gehört. Dort wird ihr der hebräische Text übergeben und in Begleitung von 72 Übersetzern kehrt die Delegation nach Alexandrien zurück. Die Jerusalemer Gelehrten werden auf der Insel Pharos einquartiert und einigen sich durch Vergleiche auf einen griechischen Text, der dann von Demetrius aufgezeichnet wird. Die Übersetzung wird in 72

Tagen vollendet, der jüdischen Gemeinde von Alexandrien vorgelesen und von deren Vorstehern sanktioniert. Die Legende hat zum Ziel, die Autorität der LXX zu legitimieren. Wenn auch eine Anregung von Seiten des ptolemäischen Herrscherhauses nicht auszuschließen ist, war doch für das Entstehen der LXX das Bedürfnis der griechisch-sprechenden jüdischen Diaspora ausschlaggebend.

Durch die Berücksichtigung des LXX-Textes in katholischen Bibelübersetzungen entstehen Kuriositäten, aber auch Unterschiede zu anderen Bibelübersetzungen. Beim Buch Ester z.B. richten sich neuere katholische Bibelübersetzungen grundsätzlich nach dem hebräischen Original, schalten aber an mehreren Stellen die umfangreichen griechischen Zusätze ein, durch die das Buch auch einen theologischen Zuwachs erhält. Beim Danielbuch gestaltet sich der Einschub einfacher, er kommt am Schluss als Kapitel 13 und 14. Beim Buch Tobit dagegen ist die Verwirrung komplett: Hier existieren nicht nur zwei LXX-Fassungen (B + A und S), die sich auf die Übersetzungen auswirken, sondern einige ältere Übersetzungen beruhen auf der lateinischen Bearbeitung. Wenn die Teilnehmer eines Bibelkreises diese älteren Übersetzungen benutzen, können sie so manche Überraschung erleben.

Lit.:   *Bibel und Kirche* 2/2001 (Thema: Septuaginta: Das Alte Testament auf Griechisch) – E. *Würthwein*, Der Text des Alten Testaments. Eine Einführung in die Biblia Hebraica, Stuttgart 1988, S. 58–90

1.6   Die Schrift der Ursprachen

Wenn wir eine hebräische oder griechische Bibel aufschlagen, werden wir nicht nur nichts verstehen; wir werden sie nicht einmal lesen können, es sei denn, wir hätten diese Sprachen gelernt. In beiden Sprachen unterscheidet sich die Schrift von unserer (lateinischen) Schrift.

Die griechische Schrift macht weniger Schwierigkeiten. Eine Reihe ihrer Buchstaben erkennen wir ohne Mühe, andere können wir erraten. Von den Buchstaben des hebräischen und aramäischen Textes dagegen werden wir keinen einzigen lesen können. Allenfalls gelingt es uns, das *Jota* zu finden, sofern wir uns daran erinnern, dass es der kleinste Buchstabe im hebräischen Alphabet ist (vgl. Mt 5,18). Es scheint sich um eine Schrift zu handeln, die mit unserer nichts zu tun hat. Doch trügt, wie so oft, der Schein. Die hebräische wie auch unsere Schrift sind nur verschiedene Spielarten desselben Alphabets; sie haben denselben Ursprung.

Wieder stoßen wir auf Bewohner Kanaans, die Phönizier. Irgendwann nach dem Jahre 2000 v. Chr. haben sie das Alphabet erfunden. Ursprünglich bestand es wohl aus einfachen Bildern. Die Bilder aber bedeuteten nicht die abgebildeten Dinge, sondern den ersten Buchstaben, mit dem die Bezeichnung für das Abgebildete in der Sprache Kanaans begann. *Alef* zum Beispiel heißt *Rind*; *bet* ist, wie in Betlehem und Bet-saida, *Haus*. Von den Kanaanäern übernahmen nicht nur die Israeliten diese großartige Erfindung, sondern auch die Griechen haben auf sie zurückgegriffen und sie noch einmal verbessert; von den Griechen kam sie schließlich über die Römer zu uns.

Dabei hat sich, das ist die zweite Überraschung, die Schrift auf dem langen Weg zu uns viel weniger verändert als auf dem kurzen Weg zu den Juden. Mit nur wenig Mühe können wir in einigen unserer Buchstaben die Urform wiedererkennen. Das kanaanäische Wort für „Wasser" heißt *majim*, beginnt also mit *m*; so deutete man das Wasser durch eine Wellenlinie an und die ist im *m* noch erkennbar. Und beim A brauchen wir nur die Spitze etwas nach links zu drehen ⊲, so sehen wir den stilisierten Ochsenkopf wieder. Das griechische Rho, P geschrieben, das ja aus dem Christusmonogramm XP bekannt ist, zeigt noch die Umrisse eines Kopfes; denn das semitische Wort für Kopf beginnt mit einem *r*. Aus den entsprechenden hebräischen Buchstaben hingegen sind die Urformen mit dem besten Willen nicht mehr zu erkennen.

Die dritte und letzte Überraschung besteht darin, dass die Schrift der hebräischen Bibel gar nicht hebräisch ist. Die alte hebräische Schrift, gebräuchlich bis ins zweite vorchristliche Jahrhundert, hatte mit der unseren sehr viel mehr Ähnlichkeit. Erst in dieser späten Zeit übernahmen die jüdischen Schreiber die aus dem Aramäischen abgeleitete *Quadratschrift*, die wir heute in der hebräischen Bibel finden. Sie ist eine typische Kanzleischrift, von Berufsschreibern entwickel und deswegen mit vielen Häkchen und Verzierungen versehen, welche die ursprüngliche Gestalt fast ganz verdecken.

Zu bemerken wäre noch, dass die meisten von Semiten gebrauchten Schriften nur Konsonanten enthalten. Allerdings spielen in den semitischen Sprachen die Vokale eine geringere Rolle als in den indoeuropäischen. Darum ist die Konsonantenschrift dort eindeutiger, als sie etwa im Deutschen wäre.

Erst sehr spät (7.–10.Jh.), unter dem Einfluss der christlichen Syrer (das Syrische ist eine Spätform der aramäischen Sprache), haben jüdische Grammatiker, die *Masoreten* (hebr. masora = Überlieferung), durch zusätzliche Zeichen konsequent auch die Vokale angegeben. Abgeschlossen war diese Arbeit erst im Jahrhundert Karls des Großen, als Hebräisch schon über tausend Jahre keine lebendige Volkssprache mehr war. So haben wir wenig Gewähr dafür, dass die Masoreten die alte Aussprache richtig wiedergegeben haben, und nur mit Mühe und Not und recht unvollkommen können wir erschließen, wie zum Beispiel der große Prophet Jesaja gesprochen hat.

Ältere Katholiken könnten den Unterschied zwischen der alten und der masoretischen Aussprache erahnen. Neben den alten Eigennamen MADIAN, SODOMA und SAMSON lesen und hören sie MIDIAN, SODOM und SIMSON. Die alten Formen stammen aus der oben erwähnten Septuaginta, also aus einer Übersetzung ins Griechische. Bei dieser Übersetzung sind viele Namen verändert worden, schon weil die Griechen manche hebräische Laute gar nicht kannten und für sie auch kein Zeichen hatten; so haben sie jedes *sch* durch ein *s* wiedergeben müssen; auch hängten sie bisweilen griechische Endungen an. Aus Jeschaja wurde Isaias und aus Schalomo wurde Salomon. Die Vokale dagegen konnte man nach dem Gehör ziemlich genau wiedergeben. Im hebräischen Text hatten sich umgekehrt die Konsonanten gut gehalten, die Vokale aber waren ganz ungesichert, weil sie ja nicht angegeben waren. Als die Masoreten ab ca. 700 n. Chr. anfingen, auch die Vokale festzulegen, hatten diese sich schon zum guten Teil verflüchtigt. Vom vollen *a* blieb oft nur ein kurzes *i* oder ein dumpfes *e* (wie in *gegangen*) zurück, Vokale am Schluss eines Wortes waren ganz weggefallen. In der Bezeichnung der Vokale war die Septuaginta ursprünglicher. Wenn wir jetzt die masoretische Aussprache übernehmen, an die sich schon Luther gehalten hatte, verbessern wir uns also bezüglich der Konsonanten, verschlechtern uns dafür oft bei den Vokalen.

Zusammenfassung

Eine Übersetzung kann die Schrift in der Ursprache (hebräisch, aramäisch; griechisch bei den so genannten deuterokanonischen Büchern) nicht ersetzen. Am besten können diejenigen, welche dieser Sprachen nicht kundig sind, sich mit mehreren Übersetzungen helfen. Auf diese Weise könnten sie am besten die Bedeutungsbreite und Nuance der Wörter in der Ursprache ermessen. Die Septuaginta (LXX), die griechische Übersetzung des Ersten Testaments, die außer den Schriften der Hebräischen Bibel auch weitere Bücher enthält, war für das Judentum in der hellenistischen Diaspora und vor allem für die entstehende christliche Kirche bei der Verkündigung im hellenistischen Raum von großer Bedeutung. In der Katholischen Kirche entspricht der Umfang des Ersten Testaments dem der Septuaginta.

1.7 Einteilung in Kapitel und Verse

Die Einteilung des Bibeltextes in etwa gleichlange Kapitel und in durchgezählte Sätze („Verse") begegnet uns in der uns gewohnten Weise zuerst in lateinischen und hebräischen Bibeldrucken des 16. Jh. Sie ist äußerst praktisch, um Bibelstellen rasch aufzufinden oder auf andere zu verweisen. Aber diese Gliederung entspricht nicht immer dem Sinn der Texte, so dass sie oft nur gebrochen für zusammenhängende Texteinheiten gebraucht werden kann (Gen 1,1 – 2,4a: der priesterschriftliche Schöpfungshymnus). Als Schöpfer der Texteinteilung in Kapitel gilt Stephan Langton (1150–1228), englischer Theologieprofessor in Paris, später Erzbischof von Canterbury und Kardinal. Er gliedert um 1200 die lateinische Bibel in Kapitel, und seine Einteilung wird um 1226 in die „Pariser Bibel" aufgenommen. Die Verseinteilung geht zurück auf den provencalischen Rabbi und Arzt Isaak Nathan (Lebensdaten unbekannt), der zwischen 1438–1448 eine hebräische Wortkonkordanz schuf mit den in Kapitel durchgezählten Sätzen (Versen). Die erste gedruckte Bibel mit Kapitel- und Verseinteilung ist die von dem italienischen Dominikaner Santes Paquini (1470–1541) aus den Ursprachen übersetzte lateinische Bibel (1528). Die erste deutsche Bibel mit Kapitel- und Verszählung ist die in Heidelberg gedruckte Lutherbibel von 1568.

1.8 Wie zitiert man einen Bibeltext?

Zuerst kommt die Abkürzung des Buches. Dann folgen die Zahlen: die erste Ziffer bezeichnet das Kapitel und die zweite, nach einem Komma, den Vers. So bedeutet Gen 2,4: Buch Genesis, Kapitel zwei, Vers vier.

Ein Querstrich (–) verweist auf mehrere Kapitel oder Verse. Gen 2 – 5 heißt: Buch Genesis, Kapitel zwei bis fünf einschließlich. Gen 2,4–8 bedeutet: Buch Genesis, Kapitel zwei, Vers vier bis acht einschließlich.

Ein Strichpunkt trennt verschiedene Stellenangaben (z.B. Gen 2,4; Ex 3,6; Dtn 7,8).

Ein Punkt unterscheidet verschiedene Verse im gleichen Kapitel (z.B. Gen 2,4.8.11) oder verschiedene Kapitel (Gen 1.2).

Ein den Ziffern angefügtes „f" oder „ff" besagt, dass man den oder die folgenden Verse auch noch lesen soll. Um Unklarheiten zu vermeiden, sollte die Angabe „ff" auf die beiden nächsten Verse oder Kapitel beschränkt bleiben.

Falls ein Vers mehrere Satzteile oder Sätze enthält, die vielleicht noch aus verschiedenen Quellen stammen, wird um der Genauigkeit willen zwischen Vers . . . a, b, c unterschieden. So verweist Gen 2,4a nur auf die erste Hälfte von Vers (abgekürzt V.) 4.

2 Vom sachgemäßen Verstehen

2.1 Die Möglichkeit des Missverständnisses

In jeder Kommunikation können Missverständnisse vorkommen, wenn z.b. der Gesprächspartner nicht genau hingehört hat. Aber auch beim Lesen kann uns manches entgehen. Solche Nachlässigkeiten sind an der Tagesordnung. Außerdem hören oder lesen wir oft selektiv. Das kann schon da festgestellt werden, wo zwei Menschen dieselbe Nachricht hören. Als Hörer oder Leser sind wir interessegeleitet und filtern so den Empfang der Information.

Zum anderen kann der Grund für das Missverständnis auch auf der Seite des Sprechers liegen. Er drückt sich ungeschickt oder zweideutig aus. Da muss man schon nachfragen und den Partner auffordern, sich genauer zu erklären.

Ein weiterer Grund liegt in der Sprache selber, die nicht immer eindeutig ist. Die Wörter, insbesondere die Tätigkeitswörter, haben nicht immer nur eine Bedeutung. Das Verb „begehen" z.b. hat mehrere Bedeutungen: man kann einen Fehler *begehen,* einen Weg *begehen* oder ein Fest *begehen.* Begehen kann demnach bedeuten: *machen, gehen* und *feiern.* Auch Hauptwörter sind vieldeutig. So kann „Welt" den Erdball, das Weltall, die Schöpfung oder die Gesellschaft als gesellschaftlichen Lebensraum bedeuten.

Vieldeutigkeit von Wörtern ist keineswegs auf die deutsche Sprache beschränkt. Im Hebräischen ist nicht anders; *bad* kann bedeuten: Teil, allein, Zweig, Stange, linnenes Kleid, Geschwätz, Lüge. Ein Blick in das Wörterbuch allein reicht nicht aus, um ein hebräisches Wort richtig ins Deutsche zu übersetzen. Die Verwendung der Wörter im Satz und der Gesamtzusammenhang müssen genauso berücksichtigt werden. Oft genügt nicht einmal das, um die Bedeutung eines Wortes genau zu bestimmen. So ist das Übersetzen von einer Sprache in eine andere kein leichtes Unterfangen, und dies umso mehr, wenn es sich bei dem zu übersetzenden Text um eine für den Europäer völlig fremde Sprache wie das Hebräische handelt. Das Übersetzen schließt über die normalen Voraussetzungen der Kenntnis der Fremdsprache auch bestimmte Vorentscheidungen des Übersetzers mit ein. Daher sind Übersetzungen in gewisser Hinsicht immer auch Auslegungen.

2.2 Die Notwendigkeit der Auslegung

Die Texte, die wir in der Bibel vor uns haben, gehören nicht nur einem fremden Volk, sondern auch einer fremden Welt an, in der viele Dinge anders angesehen und zur Sprache gebracht werden als in der unsrigen. Die Wörter können eine andere Bedeutungsnuance haben. Was bei uns als negativ empfunden wird, kann dort positiv sein oder umgekehrt. Auch beruht der unterschiedliche Wortgebrauch auf den verschiedenen Lebensverhältnissen. Ein Wort bei den Hirten und Bauern Palästinas kann anders aufgefasst werden als in einer hoch industrialisierten Gesellschaft. Dazu kommt der enorme zeitliche Abstand. Von den Anfängen der Traditionen und deren Niederschrift bis zu uns sind es 3000 Jahre!

In Apg 8,26–40 bringt Lukas in der Erzählung von der Begegnung des äthiopischen Kämmerers mit Philippus in einem Dialog die Notwendigkeit der Auslegung der Heiligen Schrift zur Sprache. Philippus fragt den Kämmerer: „Verstehst du auch, was du liest? Jener antwortete: Wie könnte ich es, wenn mich niemand anleitet?" (Apg 8,30f).

Die Mühe um ein angemessenes Verstehen des Textes brachte in der Kirche die so genannte *Lehre vom vierfachen Schriftsinn* hervor. In vier aufeinander aufbauenden Schritten wird der biblische Text ausgelegt: Am Anfang steht *der Literalsinn*, der die wörtliche und historische Auslegung zum Ziel hat, dann folgt *der allegorische Sinn*, der die Auslegung in vertieftem Sinn auf den Glauben hin meint, gefolgt vom *tropologischen Sinn*, der die moralisch-ethische Seite der Texte betont, bis hin zum *anagogischen Sinn*, der den Text auf die endzeitliche Hoffnung hin entfaltet. Ein Merkvers aus dem 13. Jh. hielt dies als Programm fest und begleitete die theologische Ausbildung bis in die jüngste Vergangenheit:

Littera gesta docet, quid credas allegoria,
moralis quid agas, quo tendas anagogia.

Der Buchstabe lehrt das Geschehene; was zu glauben ist, die Allegorie; der moralische (Sinn), was zu tun ist; wohin zu streben ist, die Anagogie.

Der eine Schriftsinn darf allerdings nicht gegen die anderen ausgespielt werden. Sie stehen auch nicht isoliert nebeneinander. Der Literalsinn bildet das Fundament, auf das die anderen Schriftsinne aufbauen.

Tabelle 7 fasst die Lehre vom vierfachen Schriftsinn zusammen:

Bezeichnung	Lateinischer Name	Bedeutung	Beispiel: Tempel
Literalsinn	littera/historia	wörtliche, historische Auslegung	Tempel zu Jerusalem
Allegorischer Sinn	allegoria	Glaubensaussage	(Bild für) Christus
Tropologischer Sinn	tropologia/ sensus moralis	moralisch-ethische Auslegung	(Bild für die) Seele
Anagogischer Sinn	anagogia	Auslegung auf die endzeitliche Hoffnung	(Bild für den) Himmel (Vollendung)

Tab. 7: Die Lehre vom vierfachen Schriftsinn

Lit.: Ch. Dohmen, Vom vielfachen Schriftsinn – Möglichkeiten und Grenzen neuerer Zugänge zu biblischen Texten: ders. u.a., Neue Formen der Schriftauslegung? QD 140, Freiburg 1992, S. 13–74

2.3 Die Bedeutung der historischen Kritik für ein sachgemäßes Verstehen

Der Versuch, Texte nach ihrem literarischen Sinn zu befragen, begleitete die Kirche von Anfang an. So hat sich die antiochenische Schule gegenüber der alexandrinischen durch ihre Bemühung um den Buchstabensinn ausgezeichnet. Auch bei der Lehre vom vierfachen Schriftsinn steht als erster methodischer Schritt die Suche nach dem Literalsinn (sensus litteralis: Buchstabensinn).

Die Aufklärung brachte schließlich ein historisches Bewusstsein mit sich, das sich auch in Bezug auf Texte auswirkte. Der historische Graben zwischen dem Jetzt und den Texten der Vergangenheit kam zu vollem Bewusstsein: Wie kann der ursprüngliche Textsinn möglichst angemessen (= historisch) nachvollzogen werden, ohne dass die mit dem Text verbundenen Meinungen den Blick auf den Textsinn verstellen (= kritisch)? Die historische Kritik, die für alle Texte gilt, will verhindern, dass das Weltverständnis oder die theologische Position des jeweiligen Auslegers in den biblischen Text hineininterpretiert werden. Damit soll eine willkürliche Auslegung ausge-

schlossen werden. Auch die Bibelenzyklika Pius' XII. (Divino afflante spiritu, 1943) betrachtet als unerlässlich, die Heilige Schrift in
ihrem wörtlichen Sinn so genau wie möglich zu verstehen.

Dem historisch-kritischen Ansatz versuchen die historisch-kritischen Methoden der Texterschließung gerecht zu werden. Eine Vielfalt von Techniken wurde dafür entwickelt.

– Die *Textkritik* vergleicht die ältesten Abschriften des Textes und
  sichert den ältesten erreichbaren Text; sie prüft also die textliche
  Grundlage der weiteren Arbeit.
– In der *Literar- und Redaktionskritik* wird die oft verwickelte
  Wachstumsgeschichte des Textes rekonstruiert. Da die biblischen
  Bücher in ihrer Endgestalt das Werk verschiedener Autoren verschiedener Zeiten sind, ist diese natürlich mit Hypothesen arbei-
  tende Methode notwendig – nicht anders als in der Baukunst oder
  Archäologie. Im Unterschied zu moderner Autorenliteratur können viele biblische Texte als *Traditionsliteratur* beschrieben werden, wodurch besonders erfahrungsdichte Texte entstanden sind.
  Das uns heute vorliegende Jesaja-Buch z.B. ist nicht das Werk
  eines einzigen Verfassers, sondern das Ergebnis einer Entwick-
  lungsgeschichte, die sich von der Mitte des 8. Jh. bis zum Ende
  des 3. Jh. v. Chr. erstreckt.
– *Form- und Gattungskritik* untersuchen das individuelle Gestal-
  tungsprofil eines Textes (Form) und das Sprachmuster (Gattung),
  dessen ein Autor sich bedient hat. Bei einem literarischen Werk
  gestaltet der Autor nicht alles von selbst, er greift auch auf
  bewährte Stilmittel und bestimmte feste Sprachformen zurück.
  Dieser Methodenschritt hilft uns, die *Funktion eines Textes in der
  Gesellschaft*, z.B. im alten Israel, zu bestimmen.
– Die *Traditionskritik* ergänzt die Frage nach den Abhängigkeiten
  des Autors von gesellschaftlichen Vorgaben, indem sie Aussagen
  und Vorstellungen eines Textes in theologische Strömungen
  Israels einordnet.

Zusammenfassung

In jeder Kommunikation kommen Missverständnisse vor. Der
Grund dafür kann auf Seiten des Sprechers oder auf Seiten
des Hörers liegen: hat jener deutlich gesprochen und eine
klare Aussage gemacht oder hat dieser nicht richtig zugehört
oder nur das herausgehört, was er hören wollte? So geschieht
es auch im Gespräch mit einem Text. Daher ist für ein sach-

gemäßes Verstehen eine Auslegung oder Texterklärung nötig. Die historisch-kritische Methode hat Wege oder Zugänge zum sachgemäßen Verstehen entwickelt, auf die man nicht mehr verzichten kann. Das heißt nicht, dass Fortentwicklungen und Ergänzungen ausgeschlossen wären.

Lit.:   G. *Fischer,* Wege in die Bibel. Leitfaden zur Auslegung. Unter Mitarb. von B. Repschinski und A. Vonach, Stuttgart 2000 – O. H. *Steck,* Exegese des Alten Testaments. Leitfaden der Methodik. Ein Arbeitsbuch für Proseminare, Seminare und Vorlesungen, 14. durchg. u. erw. Aufl. Neukirchen-Vluyn 1999 – S. *Kreuzer u.a.,* Proseminar I: Altes Testament. Ein Arbeitsbuch, Stuttgart u.a. 1999 – G. *Fohrer u.a.,* Exegese des Alten Testaments. Einführung in die Methodik, UTB 267, 6. Aufl. Heidelberg 1993 – G. *Adam u.a.,* Einführung in die exegetischen Methoden, München 1979 – J. *Schreiner* (Hrsg.), Einführung in die Methoden der biblischen Exegese, Würzburg 1971 – Th. *Meurer,* Einführung in die Methoden alttestamentlicher Exegese, Münsteraner Einführungen: Theologische Arbeitsbücher 3, Münster 1999 – H. *Wilcke,* Das Arbeiten mit alttestamentlichen Texten. Eine Einführung in die exegetischen Methoden, 2. Aufl. Essen 1992 – M. *Oeming,* Biblische Hermeneutik. Eine Einführung, Darmstadt 1998 – K. *Koch,* Was ist Formgeschichte? Methoden der Bibelexegese, 5. durchg. u. erg. Aufl. Neu-kirchen-Vluyn 1989 – H.-J. *Kraus,* Geschichte der historisch-kritischen Erforschung des Alten Testaments, 4. Aufl. Neukirchen-Vluyn 1988

3   Die Suche nach dem ursprünglichen Text

3.1   Was ist der Text?

Text nennt man den genauen Wortlaut eines Buches. Wenn wir den Text unserer Bibelausgaben vergleichen, werden wir schnell feststellen, wie verschieden er – je nach Übersetzung – ist. So heißt z.B. Ex 1,8:

„In Ägypten kam ein neuer König an die Macht, der Josef nicht gekannt hatte".   *(Einheitsübersetzung)*
„Da trat ein neuer König (die Herrschaft) über Ägypten an, der Joseph nicht (mehr) kannte".   *(Elberfelder Bibel rev.)*
„Da erstand ein neuer König über Aegypten, der nichts von Joseph wusste".   *(Zürcher Bibel)*
„Ein neuer König erstand über Ägypten, der hatte Josef nicht gekannt".   *(Buber)*
„Da kam ein neuer König auf in Ägypten, der wusste nichts von Joseph".   *(Luther rev. Fassung 1984)*
„Ein neuer König, der von Joseph nichts mehr wusste, trat über Ägypten die Herrschaft an".   *(Hamp-Stenzel-Kürzinger)*

All diesen Sätzen sind nur die Worte oder Wörter „ein neuer König", „Ägypten", „Josef" (allerdings die beiden letzten in verschiedener Schreibweise) und das Relativpronomen „der" gemeinsam. Der Vers erscheint aber in jedem Satz anders formuliert. Die verschiedenen Formulierungen nennt man *Lesarten* oder *Varianten*. Von einem völlig gleichen Sinn dieser Sätze können wir allerdings nicht sprechen. Wenn der Satz mit „da" beginnt, schließt er an den vorhergehenden an: Der neue König kam, als die Israeliten sehr volkreich geworden waren. Nach *Hamp-Stenzel-Kürzinger, Buber* und der *Einheitsübersetzung* dagegen beginnt hier eine ganz neue Geschichte. Auch zwischen „Josef nicht kennen" und „von Josef nichts (mehr) wissen" besteht ein Unterschied. Wir können bei diesen Beispielen von verschiedenen Texten sprechen.
Es gibt also Lesarten, die den Sinn unverändert lassen, und solche, die den Sinn mehr oder weniger ändern. Die erste Frage, die der Exeget sich stellen muss, lautet deshalb: Welcher ist der richtige Text? Grundsätzlich ist die Frage leicht zu beantworten: Der richtige Text

ist natürlich der, den der Verfasser selbst niedergeschrieben hat. Deswegen scheiden alle oben zitierten Sätze von vornherein aus. Sie sind ja Übersetzungen; Übersetzungen aber können nicht der „richtige" Text sein, sondern bestenfalls seinen Sinn richtig wiedergeben. Weil ein Übersetzer einen Text immer nur so übersetzen kann, wie er ihn zuvor verstanden hat, ist jede Übersetzung damit das Ergebnis eines ganz bestimmten Verständnisses. Der echte (*authentische*) Text kann nur in der ursprünglichen Sprache, in der *Ursprache*, vorliegen.

3.2 Wo ist der richtige Text?

Wir könnten meinen, dass eine hebräische Bibel von vornherein den „richtigen" Text hat. Aber das ist nicht der Fall. Wir wissen nämlich nicht, ob und wieweit der gedruckte Text derselbe ist, den der Autor abgefasst hat. Allein durch die Ursprache wird ein Text noch nicht zum *Urtext*. Die *Urschriften*, welche die Verfasser mit eigener Hand schrieben oder mit eigenem Mund diktierten, sind alle längst verloren gegangen. Viele Schriften haben ihre Endgestalt nach einem langen Entstehungsprozess erhalten. Daher können wir den Begriff „Verfasser" nur sehr eingeschränkt auf sie anwenden.

Bis zum Jahre 1948 stammten die ältesten noch zugänglichen Handschriften der hebräischen Bibel aus dem 9.-10. Jh. Die älteste vollständige Handschrift des Ersten Testaments ist der Leningrader Kodex (L) aus dem Jahr 1008. Sie waren alle Abschriften von Abschriften und so fort in langer Reihe. Die letzten hebräischen Teile des Ersten Testaments sind im zweiten vorchristlichen (die griechischen im ersten Jahrhundert v. Chr) und die ältesten etwa im achten vorchristlichen Jahrhundert entstanden. Damit lagen etwa 1600 Jahre zwischen der Urschrift und der ersten erhaltenen Abschrift. Was kann sich in dieser Zeit alles geändert haben! Man muss nicht einmal an bewusste Fälschungen denken. Jeder Abschreiber macht Fehler und allein diese Fehler addieren sich im Lauf so langer Zeiten.

Mit beeindruckender Sorgfalt haben seit etwa dem Jahr 100 n. Chr. jüdische Gelehrte, die man später *Masoreten* nannte, den Text überliefert. Sie haben bei jedem Buch die Verse und Worte, ja die Buchstaben gezählt, um sicherzugehen, dass beim Abschreiben nicht das Geringste verloren ging. So haben Masoreten errechnet, dass die

5 Bücher Mose 5 845 Verse, 79 856 Worte und 400 845 Buchstaben enthalten! Diese mühselige Tüftelei bezeugt den großen Ernst, mit dem man sich um den heiligen Text bemühte. So haben wir heute ziemlich genau den Text, wie er seit dem Jahre 100 n. Chr. überliefert wurde. Doch wie stand es in den Jahrhunderten davor?
Ein unerhörter Glücksfall vor über fünf Jahrzehnten hat uns weitergeholfen. In der Wüste an der Nordwestecke des Toten Meeres (bei *Chirbet Qumran)* wurden zwischen 1947 und 1952 die Reste einer uralten Bibliothek entdeckt. Außer dem Buch Ester sind alle Bücher der hebräischen Bibel – vollständig oder als Bruchstücke – gefunden worden; viele sogar in einer ganzen Reihe von Exemplaren. Und diese Bibliothek stammt aus den Jahren 150 v. bis etwa 70 n. Chr.! Die Handschriften sind also nicht nur 1000 Jahre älter als die ältesten uns bis dahin bekannten; sie gehen auch in die vormasoretische Zeit zurück. Für einige Bücher (z.B. *Daniel*) ist die Zeit zwischen der Urschrift und den ältesten erhaltenen Abschriften auf wenige Jahrzehnte zusammengeschrumpft!
Die Funde von Qumran waren in Sachen Bibeltext keine echte Sensation. Zwar war der Text in jener Zeit nicht so einheitlich wie zur Zeit der späteren Gelehrten. Es gab viele Varianten und das beweist, dass man beim Abschreiben weniger sorgfältig war. Dennoch fand man kaum Stellen, deren Sinn sich durch die Varianten änderte. Das bedeutet, dass wir den *Urtext* des Ersten Testaments heute nicht mehr haben. Berichte über Entdeckungen von Urschriften sind reine Spekulation! Aber wir können vertrauen, dass der uns zugängliche Text den *Sinn* des Urtextes wiedergibt, dass wir also im Wesentlichen den „echten" Text haben. Maßgebliche, im Gottesdienst verwendete Glaubenstexte erfreuen sich einer sorgfältigen Überlieferung.

3.3 Die Textkritik

Es bleibt trotzdem die Aufgabe, aus den vorliegenden Handschriften den besten Text, der dem Urtext möglichst nahe kommt, zu finden. Diese Aufgabe stellt sich die *Textkritik*. Wie arbeitet sie?

Vergleich der Handschriften

Den Wortlaut eines Textes in einer Handschrift nennt man *Lesart* oder *Version*. Die verschiedenen Handschriften haben unterschiedliche Lesarten. Vielleicht möchten wir annehmen, dass selbstverständlich die ältere Handschrift auch die ältere Lesart enthält. Das aber kann ein Fehlschluss sein. Stellen wir uns Folgendes vor: Die verlorene Urschrift ist früher sehr sorgfältig abgeschrieben worden; von dieser Abschrift hat man lange Zeit später eine weitere sorgfältige Abschrift angefertigt und diese ist die unmittelbare Vorlage einer noch erhaltenen Abschrift aus dem Jahr 1350. Dieselbe Urschrift hat damals aber ein sehr sorgloser Schreiber abgeschrieben und dabei viele Fehler gemacht; seine schlechte Abschrift ist noch einmal in die Hände eines leichtsinnigen Abschreibers geraten und diese endlich habe im Jahre 950 ein gewissenhafter Mann fast wörtlich abgeschrieben; dieses letzte Werk liegt uns nun vor. Es wird, obwohl es 400 Jahre älter ist als die andere Handschrift, dennoch weit mehr Fehler aufweisen, weil es eine schlechte Vorlage hatte. Das Alter der Handschrift sagt also nicht notwendig etwas über das *Alter der Lesart*. So etwa haben in drei von vier Fällen die mittelalterlichen hebräischen Handschriften bessere (also ältere) Lesarten als eine Jesajarolle vom Toten Meer, die 1000 Jahre früher geschrieben wurde! Wenn aber das Alter der Handschriften, das im Allgemeinen genau bekannt ist, nicht entscheidet, welches Kriterium hilft dem Textforscher dann, die bessere Lesart zu erkennen?

Vergleich der Lesarten

Oft kann der *Zusammenhang des Textes* entscheiden, welche Lesart besser ist. So liest der überlieferte Text Jes 21,8: „Da rief ein Löwe: Auf der Turmwarte stehe ich, Herr, beständig bei Tag." Man hat sich schon immer über den „Löwen" gewundert; er muss ein – wenn auch ungewöhnlicher – symbolischer Name eines Propheten sein, denn ganz ohne Zweifel spricht diese Worte ein Prophet. Nun liest an derselben Stelle die neugefundene Jesajarolle vom Toten Meer: „Da rief der *Seher* ..." Das ergibt schon einen besseren Sinn; daher ist die Lesart der älteren Handschrift in diesem Falle vorzuziehen. Durch eine einfache Vertauschung zweier Buchstaben, durch einen sehr simplen Abschreibfehler also, ist aus dem „Seher" ein „Löwe" geworden.

Damit kommen wir zum zweiten methodischen Arbeitsschritt: Man muss nachweisen können, wie sich die *spätere Lesart aus der ursprünglichen* Lesart *entwickelt* hat. Das Vertauschen der Buchstaben hat das Textproblem von Jes 21,8 befriedigend gelöst. Aber dies ist nicht immer der Fall, weil aus der Buchstabenfolge YX genauso gut XY werden kann wie umgekehrt. In vielen Fällen ist es wahrscheinlicher, dass sich die ältere Lesart A aus der jüngeren Lesart B entwickelt hat, als umgekehrt. Ein Beispiel: In Jes 41,23 ruft der Prophet spottend den Göttern zu: „Tut etwas Gutes oder Böses, damit wir erspähen und sehen!" So jedenfalls lesen die späten Handschriften. Dabei ist das Wort mit der ungefähren Bedeutung *erspähen* ungewöhnlich und selten; es kommt in dieser Form nur noch einmal in der Bibel vor. Die Qumran-Handschrift liest stattdessen: „... damit wir *hören* und sehen!" *Hören* entsteht durch Änderung eines einzigen Buchstabens; aber es ist ein Allerweltswort. Es ist wahrscheinlicher, dass ein Abschreiber ein seltenes Wort durch ein geläufiges ersetzt, als dass er für ein gewöhnliches Wort ein ausgefallenes einsetzt. So werden hier die späteren Handschriften die ältere Lesart haben. Eine Regel, die sich bewährt, lautet: *Die schwierigere bzw. kürzere Lesart hat im Allgemeinen als die ursprünglichere zu gelten;* denn Schwierigkeiten sprachlicher, historischer oder dogmatischer Art führen zur Änderung des Textes, und jede Überlieferung neigt zu Erweiterungen, selten zu Kürzungen. Von unterschiedlichen Lesarten ist also die zu bevorzugen, welche die Entstehung der anderen am besten zu erklären vermag.

Wiederherstellung oder Konjektur

Schließlich gibt es noch ein zwar bedenkliches, aber manchmal unumgängliches Mittel, den alten Text zu erschließen: die *Konjektur* (lat. = Vermutung). Eine Konjektur wird dort nötig, wo alle überlieferten Lesarten einen guten und plausiblen Sinn nicht hergeben; man nimmt an, dass die ursprüngliche Lesart verloren gegangen ist, und stellt sie durch eine solche „Vermutung" wieder her.
So liest der hebräische Text in Jes 2,6: „Denn du hast dein Volk, das Haus Israel, verworfen. Denn sie sind voll vom Osten und Zauberer wie die Philister." Wir begreifen den Sinn des zweiten Satzes einfach nicht; da liegt es nahe anzunehmen, dass irgendein früher Abschreiber einen Fehler gemacht hat, der dann von allen späteren über-

nommen wurde. Nun können wir durch eine geringe Änderung folgenden Text herstellen: „Denn voll sind sie mit Wahrsagern und mit Zauberern wie die Philister." Obwohl sich diese Lesart in keiner Handschrift findet, könnte man sie für die ursprünglichere halten. Dennoch bleibt die Konjektur ein nur mit äußerster Vorsicht zu gebrauchendes Mittel. Denn wer wüsste ganz genau, ob eine Verbesserung überhaupt nötig ist; an manchen Stellen können wir wirklich mit einem dunklen und schwer verständlichen Wort rechnen. Letztlich bleibt es unüberprüfbar, ob die Vermutung die ursprüngliche Lesart trifft. Nur solche Stellen, die unerklärbar bleiben oder außerordentlich bedenklich scheinen, verbessert man, und nur dann, wenn man dabei den überlieferten Text möglichst wenig ändern muss.

3.4 Die Bedeutung der Textkritik

Viel Tinte und Scharfsinn wurden gebraucht, um an den ursprünglichen Text so nahe wie möglich heranzukommen! Die Anstrengung war nicht umsonst, denn eine sachgemäße Auslegung benötigt unbedingt eine gesicherte Textgrundlage. Eines der großen Verdienste der Deutschen Bibelgesellschaft Stuttgart ist es, die Hebräische Bibel mit dem nötigen kritischen Apparat herausgegeben zu haben.

Zusammenfassung
Der Text des Ersten Testaments wurde bis zur Drucklegung im 15./16. Jahrhundert durch Handschriften überliefert. Trotz großer Sorgfalt schlichen sich beim Abschreiben Fehler ein. Die Methode der Textkritik versucht, aus den vorliegenden Handschriften den besten Text, der dem Urtext möglichst nahe kommt, zu finden. Eine gesicherte Textgrundlage ist Voraussetzung für eine sachgemäße Auslegung.

Lit.: *Bibel heute* 1/2001 (Thema: Auf der Suche nach dem „Urtext") – *E. Würthwein,* Der Text des Alten Testaments. Eine Einführung in die Biblia Hebraica, 5. Aufl. Stuttgart 1988 – *E. Tov,* Der Text der Hebräischen Bibel. Handbuch der Textkritik, Stuttgart 1997 – *R. Wonneberger,* Leitfaden zur Biblia Hebraica Stuttgartensia, 2. Aufl. Göttingen 1986

4   Die Suche nach den Verfassern

4.1   Die Verfasser

Wer heute ein Buch in die Hand nimmt, findet den Namen des Verfassers schon auf dem Umschlag; er kann sicher sein, dass dieser Verfasser das Buch auch geschrieben hat. Bisweilen schreibt ein Autor auch unter einem falschen Namen, um nicht erkannt zu werden, um *anonym* (griech. = *namenlos*) zu bleiben, oder er gibt seinen Namen überhaupt nicht an. Doch ist auch dann das Buch von *einem* Verfasser, der es ganz geschrieben hat.

Einführungen wie „Bericht des Nehemia, des Sohnes Hachaljas" (Neh 1,1) für das Buch Nehemia oder Hinweise auf Niederschriften wie Jer 36,2.32 können an den uns bekannten Autorenbegriff erinnern. Dennoch sieht es bei den Büchern des Ersten Testaments anders aus. Das einzige Buch, das *einen* Autor aufweist, ist das deuterokanonische Buch „Jesus Sirach" (vgl. Sir 30,27–29); bei anderen Büchern, die einen Verfasser angeben, wie z.B. die Prophetenbücher, können wir nicht sicher sein, dass die Verfassernamen stimmen. Das hat zwei Gründe:

„Falsche" Verfasser

Einmal steht fest, dass auch früher schon gar nicht wenige Autoren unter einem angenommenen Namen geschrieben haben. Das Buch der Weisheit Salomos zum Beispiel ist sicher nicht von König Salomo geschrieben; ein unbekannter Weisheitslehrer um 50 v. Chr. hat sich nur den Namen des 900 Jahre früheren Königs „ausgeborgt". Man müsste sonst annehmen, der alte König Salomo hätte neumodisches Griechisch gesprochen, was ungefähr so wahrscheinlich ist, als hätte Shakespeare ein Drama in bayrischer Mundart verfasst.

Alle dem Salomo zugeschriebenen Bücher (neben dem *Buch der Weisheit* noch *Sprüche, Prediger* und *Hoheslied)* sind in Wirklichkeit nicht von ihm; allenfalls geht auf seine Initiative ein Teil des Buches der Sprüche zurück (vgl. Spr 10,1 mit 1 Kön 5,12). Ebenso unhaltbar ist die Zuschreibung der meisten Psalmen an König David; auch sind Daniel und Baruch gewiss nicht die Verfasser der gleichnamigen Bücher (Daniel rechnen die Juden nicht zu den *Pro-*

pheten, sondern zu den *Schriften, Baruch* ist deuterokanonisch), und die Verfasserschaft des Jeremia für die Klagelieder ist sehr fraglich.

Die Tatsache, dass es nicht nur unter den Apokryphen, sondern auch unter den biblischen Büchern Pseudepigraphen (fälschlich einem Autor zugeschriebene Bücher) gibt, wird manchen gläubigen Bibelleser befremden. Die Tatsache kann jedoch nicht bezweifelt werden. Diese Zuschreibungen entstanden aus einer uns ganz fremden Mentalität. Bisweilen konnten Eigennamen fast zu Gattungsnamen werden. So nannten sich spätere Herrscher *Kaiser (= Caesar),* um anzudeuten, dass sie sich als die Nachfolger jenes großen Mannes verstanden. Zumindest die Namen Salomo und David haben außer der persönlichen noch eine sachliche Bedeutung gehabt. Salomo hieß: in der Tradition der Weisheitslehre stehend; David: zum Tempelgottesdienst gehörig. Außerdem ging es den alten Verfassern viel weniger um ihre eigene Person als um die Sache, die sie vertraten.

Verschiedene Verfasser oder Traditions- und Fortschreibungsliteratur

Der moderne Autorenbegriff ist auf die ersttestamentlichen Schriften nicht anwendbar. Alle Bücher sind gewachsen wie alte Gebäude: Im Laufe vieler Jahrhunderte wird dort ein Anbau, hier ein Umbau vorgenommen, in jeweils verschiedenem Stil, bis nur noch ein geübter Architekt oder Archäologe den ursprünglichen Kern erkennen kann. Dabei hat keiner oder kaum einer der alten Baumeister seinen Namen hinterlassen. Nur an der Art, in der sie bauten, kann man sie wiedererkennen.

Das beste Beispiel dafür ist der *Pentateuch,* die „Fünf Bücher des Mose". Auf den ersten Blick machen sie keine Schwierigkeiten. Ihr Titel scheint den Verfasser genau zu bezeichnen. Allerdings wird im Text selber Mose nicht als Verfasser angegeben, nur Teile verweisen auf ihn (z.B. Ex 21 – 23; 24,4). Erst die spätere Überlieferung (die jüdische wie die christliche) hat das fünfbändige Werk dem Mose zugeschrieben. Wer den Text genau liest, dem kommen Fragen auf: Kann denn Mose selber über seinen Tod berichten, wie es Dtn 34, 1–9 schildert? Oder: Wie kommt Jesaja auf den persischen Herrscher Kyrus, der in Jes 44,28; 45,1 namentlich genannt ist und erst 200 Jahre nach dem Propheten Jesaja gelebt hat?

Wenn wir es im Bereich der biblischen und der vorderorientalischen Literatur nicht mit Autorenliteratur, sondern mit Traditions- bzw. Fortschreibungsliteratur zu tun haben, heißt das nicht, dass diese Literatur keine Urheber oder Verfasser kennt. Mit dieser Charakterisierung wird ausgedrückt, dass im Vordergrund des Überlieferungsinteresses nicht die Autorenpersönlichkeit, sondern der Inhalt gestanden hat. Dieser wurde im Laufe der Zeit durch Ergänzungen verdeutlicht und aktualisiert, wobei mit Brüchen und Unebenheiten zu rechnen ist. Sie weisen darauf hin, dass hier viele Hände am Werk waren.

4.2 Die Literarkritik

Wer biblische Texte sorgfältig liest, stellt unwillkürlich fest, dass in ihnen Wiederholungen, Stilbrüche, Spannungen und Widersprüche vorkommen. Die Texte bilden oft keine logische Einheit oder Ganzheit; der aufmerksame Leser stößt auf gestörte Übergänge. Es scheint, als ob Wörter, ganze Sätze, Abschnitte oder größere Komplexe eingefügt sind. Die Literarkritik versucht Licht in diesen oft komplizierten Zustand der Texte zu bringen.

Dass die Literarkritik nicht auf tönernen Füßen steht, zeigen uns die Königs- und Chronikbücher. Sie weisen wiederholt auf die von ihnen benutzten Quellen hin. Die Königsbücher nennen ausdrücklich das *Buch der Begebenheiten Salomos* (1 Kön 11,41), das *Buch der Begebenheiten der Tage (= Annalen oder Chronik) der Könige von Israel* (1 Kön 14,19 – 2 Kön 15,12.31) und das *Buch der Begebenheiten der Tage der Könige von Juda* (1 Kön 14,29 – 2 Kön 24,5). Die Chronikbücher nennen wiederholt die verschiedenen Quellen für die Geschichte der Könige Israels und Judas (z.B. 2 Chr 16,11; 24,27; 25,26; 26,22; 27,7; 28,26 u.ö.).

Hier einige Beispiele für *inhaltlich parallele Texte*, die sich aber in Einzelheiten voneinander deutlich unterscheiden:

- *Erschaffung der Welt und des Menschen* (Gen 1,1 – 2,4a; 2,4b – 25): Sie haben nicht nur verschiedene Wortwahl und unterschiedlichen Stil, sondern sie widersprechen sich in ihrer Gesamtszenerie und in der Abfolge der erzählten „Ereignisse", sie haben unterschiedliche Gottesbilder und setzen einen unterschiedlichen kulturellen Hintergrund voraus.
- *Gefährdung der Ahnfrau* (Gen 12,10–20; 20,1–18; 26,1–22): Alle drei Erzählungen haben ihr je eigenes Profil und scheinen unabhängig voneinander.

- *Berufung des Mose* (Ex 3,1 – 4,17; 6,1–12): Unterschiedliche Bedeutung des Landes und unterschiedliche Aussagen über Gott und Mose.

Beispiele für *Doppelungen,* die sich gegenseitig stören, finden wir auch in ein- und derselben Erzählung:

- *Sintfluterzählung* (Gen 6 – 8): Hier kommen einander widersprechende Doppelungen vor; Gen 6,5–7 und 6,11–13 erzählen je unterschiedlich von der Absicht Gottes, die Erde zu vernichten; Gen 6,19–20 und 7,2–3 (unterschiedliche Zahl der in die Arche mitgenommenen Tiere); Gen 7,4 und 7,24 (unterschiedliche Dauer der Flut).
- *Rettung am Schilfmeer* (Ex 13,17 – 14,31): Unterschiedliche Schilderung der Rettung, unterschiedliche Rollen JHWHs und des Mose.

Wir kommen nicht umhin, verschiedene Hände anzunehmen. Einer Gefahr soll aber begegnet werden:

Die „klassische" Literarkritik (z.B. Julius Wellhausen, gest. 1918) verstand ihre Aufgabe einseitig als Quellenkritik, welche die ursprüngliche „Quelle" herauszuschälen suchte. Diese Quelle wurde dann als der „echte Text" angenommen und ihm galt das ganze Interesse, kaum den so genannten „nachträglichen Bearbeitungen". Demgegenüber wird heute immer stärker betont, dass es vor allem darum geht, sich über den ganzen Prozess der Entstehung eines Textes Klarheit zu verschaffen. Daher sollte die Verfasserfrage nicht im Vordergrund stehen. Die Antwort darauf kann erst am Ende unter Berücksichtigung der formkritischen (Gattungen), der traditionskritischen (stoffliche Herkunft) und der redaktionskritischen (redaktionelle Zusammenstellung) Überlegungen und durch Vergleich mit weiteren Texteinheiten erfolgen. Erst dann wird versucht, eine chronologische Einordnung der Textteile und der Textschichten zu erstellen. Darum fragt die *neuere Literarkritik* nicht (mehr) nach der vermeintlichen Echtheit, sondern vornehmlich oder ausschließlich nach der *Einheitlichkeit des vorgegebenen Textes.*

Das methodische Verfahren der Literarkritik umfasst – grob skizziert – folgende Schritte:

1. *Die literarkritische Abgrenzung des Textes* (aus: Erich Zenger, „Ein Beispiel exegetischer Methoden aus dem Alten Testament", in: Einführung in die Methoden der biblischen Exegese, hrsg. v. Josef Schreiner, Echter Verlag, Würzburg 1971, 97–148, hier 109)

a) Zusammenstellung der Doppelungen (doppelte Motive, Berichte, Tendenzen)
b) Zusammenstellung der Unebenheiten und Widersprüche (im Text selbst und zum unmittelbaren Kontext bezüglich Personen, Ortsangaben, Chronologie, Vorstellungen, Handlung, Sprachgebrauch)
c) Literarkritische Durchprüfung auf Kleine Einheiten und Fragmente (versweise Besprechung des Textes!)
d) Zusammenstellung der abgegrenzten Kleinen Einheiten und Fragmente.

2. *Versuch, die Entstehung des Textes zu erklären*
a) durch Bestimmung der Eigenart der Texteinheit
- es handelt sich um eine einfache Texteinheit (geschlossener und einheitlicher Text)
- es handelt sich um eine erweiterte Texteinheit (ein ursprünglicher Text ist durch Zusätze im Text erweitert worden)
- es handelt sich um eine ergänzte Texteinheit (unabhängig voneinander existierende Texteinheiten sind zusammengearbeitet worden)
- es handelt sich um eine erweiterte und ergänzte Texteinheit (die beiden zuvor genannten Möglichkeiten finden sich kombiniert).
b) durch literarkritische Zuordnung
- Einheiten und Fragmente, die möglicherweise dieselbe Herkunft haben
- Einheiten und Fragmente, die notwendigerweise verschiedene Herkunft haben
- Versuch einer relativen Schichtung der Einheiten und Fragmente innerhalb des analysierten Textes.

Eine zu eng genommene Literarkritik untersucht eine Texteinheit getrennt von den anderen. Das Ganze käme so nicht in den Blick. Daher wird die Literarkritik auch versuchen, sowohl den näheren als auch den ferneren Kontext, d.h. Texte, die in der Nachbarschaft stehen, zu untersuchen und damit die Einzeltexte in größere Zusammenhänge einzuordnen. Durch die Auffindung solcher Querverbindungen können auch übergreifende Strukturen zutage treten. Außerdem müssen Texte in Bezug auf ihre ursprünglichen Leser betrachtet werden, so dass auch die Ermittlung von Entstehungszeit und -ort der Texte unumgänglich ist.

Zusammenfassung

Wer sind die Verfasser der ersttestamentlichen Schriften? Diese Frage scheint den biblischen Schriften nicht angemessen zu sein. Denn sie kennen den modernen Autorenbegriff nicht. Nicht die Autorenpersönlichkeit, sondern der Inhalt, der im Laufe der Tradition vielfach ergänzt wird, steht im Vordergrund. Die Literarkritik versucht, auf Unebenheiten, Widersprüche und Doppelungen oder Wiederholungen aufmerksam zu machen. Auf diese Weise werden Traditionen oder Textschichten bestimmten Zeiten und Orten zugeordnet.

4.3 Beispiele für literarkritische Arbeit

Die Rettung am Schilfmeer (Ex 13,17 – 14,31)

Aus der folgenden Synopse (Zusammenschau) ist gut zu erkennen, dass dieser Text aus zwei selbständigen Erzählungen (einer älteren und einer jüngeren) besteht.

Synopse der beiden Erzählungen JG und P

Ältere Schicht: Jerusalemer Geschichtswerk (JG)	Jüngere Schicht: Priesterschrift (P)

I. Einleitung: Schilderung der Not
1. Der Fluchtweg

Ex 13,17–22	Erste JHWH-Rede: Ex 14,1–4
¹⁷Als der Pharao das Volk ziehen ließ, führte sie Gott nicht den Weg ins Philisterland, obwohl er der kürzere war. Denn Gott sagte: Die Leute könnten es sonst, wenn sie Krieg erleben, bereuen und nach Ägypten zurückkehren wollen. ¹⁸So ließ sie Gott einen Umweg machen, der durch die Wüste zum Schilfmeer führte. Geordnet zogen die Israeliten aus Ägypten hinaus. ¹⁹Mose nahm die Gebeine Josefs mit; denn dieser hatte die Söhne Israels beschworen: Wenn Gott sich euer annimmt, dann nehmt meine Gebeine von hier mit hinauf! ²⁰Sie brachen von Sukkot auf und schlugen ihr Lager in Etam am Rand der Wüste auf. ²¹Der Herr zog vor ihnen her, bei Tag in einer Wolkensäule, um ihnen den Weg zu zeigen, bei Nacht in einer Feuersäule, um ihnen zu leuchten. So konnten sie Tag und Nacht unterwegs sein. ²²Die Wolkensäule wich bei Tag nicht von der Spitze des Volkes und die Feuersäule nicht bei Nacht.	¹Der Herr sprach zu Mose: ²Sag den Israeliten, sie sollen umkehren und vor Pi-Hahirot zwischen Migdol und dem Meer ihr Lager aufschlagen. Gegenüber von Baal-Zefon sollt ihr am Meer das Lager aufschlagen. ³Dann denkt der Pharao: Die Israeliten haben sich im Land verlaufen, die Wüste hat sie eingeschlossen. ⁴Ich will das Herz des Pharao verhärten, so dass er ihnen nachjagt; dann will ich am Pharao und an seiner ganzen Streitmacht meine Herrlichkeit erweisen und die Ägypter sollen erkennen, dass ich der Herr bin. Und so taten sie es.

2. Beginn der Verfolgung

Ex 14,5–9	Erste Erfüllung: Ex 14,8f
5Als man dem König von Ägypten meldete, das Volk sei geflohen, änderten der Pharao und seine Diener ihre Meinung über das Volk und sagten: Wie konnten wir nur Israel aus unserem Dienst entlassen! 6Er ließ seinen Streitwagen anspannen und nahm seine Leute mit. 7Sechshundert auserlesene Streitwagen nahm er mit und alle anderen Streitwagen der Ägypter und drei Mann auf jedem Wagen. 9Die Ägypter jagten mit allen Pferden hinter ihnen her.	8Der Herr verhärtete das Herz des Pharao, des Königs von Ägypten, so dass er den Israeliten nachjagte, während sie voll Zuversicht weiterzogen. 9Und sie holten sie ein, mit der Reiterei des Pharao und seiner Streitmacht, als sie gerade am Meer lagerten. Es war bei Pi-Hahirot vor Baal-Zefon.

3. Die Reaktion der Israeliten

Ex 14,10–12	Ex 14,10
10Die Israeliten blickten auf und sahen plötzlich die Ägypter von hinten anrücken. Da erschraken die Israeliten sehr. 11Zu Mose sagten sie: Gab es denn keine Gräber in Ägypten, dass du uns zum Sterben in die Wüste holst? Was hast du uns da angetan? Warum hast du uns aus Ägypten herausgeführt? 12Haben wir dir in Ägypten nicht gleich gesagt: Lass uns in Ruhe! Wir wollen Sklaven der Ägypter bleiben; denn es ist für uns immer noch besser, Sklaven der Ägypter zu sein, als in der Wüste zu sterben.	10Als der Pharao sich näherte, ... Die Israeliten schrien zum Herrn.

4. Die Antwort JHWHs (des Mose)

Ex 14,13f	Zweite JHWH-Rede: Ex 14,15–18
¹³Mose aber sagte zum Volk: Fürchtet euch nicht! Bleibt stehen und schaut zu, wie der Herr euch heute rettet. Wie ihr die Ägypter heute seht, so seht ihr sie niemals wieder. ¹⁴Der Herr kämpft für euch, ihr aber könnt ruhig abwarten.	¹⁵Der Herr sprach zu Mose: Was schreist du zu mir? Sag den Israeliten, sie sollen aufbrechen. ¹⁶Und du heb deinen Stab hoch, streck deine Hand über das Meer und spalte es, damit die Israeliten auf trockenem Boden in das Meer hineinziehen können. ¹⁷Ich aber will das Herz der Ägypter verhärten, damit sie hinter ihnen hineinziehen. So will ich am Pharao und an seiner ganzen Streitmacht, an seinen Streitwagen und Reitern meine Herrlichkeit erweisen. ¹⁸Die Ägypter sollen erkennen, dass ich der Herr bin, wenn ich am Pharao, an seinen Streitwagen und Reitern meine Herrlichkeit erweise.

II. Rettendes Eingreifen
1. Vorbereitung des Wunders

Ex 14,19f	Zweite Erfüllung: Ex 14,21–23
¹⁹Der Engel Gottes, der den Zug der Israeliten anführte, erhob sich und ging an das Ende des Zuges und die Wolkensäule vor ihnen erhob sich und trat an das Ende. ²⁰Sie kam zwischen das Lager der Ägypter und das Lager der Israeliten. Die Wolke war da und Finsternis und Blitze erhellten die Nacht. So kamen sie die ganze Nacht einander nicht näher.	²¹Mose streckte seine Hand über das Meer aus,

2. Wunderhandlung

Ex 14,21–28	Ex 14,21–23
[21]Und der Herr trieb die ganze Nacht das Meer durch einen starken Ostwind fort. Er ließ das Meer austrocknen.	[21]und das Wasser spaltete sich. [22]Die Israeliten zogen auf trockenem Boden ins Meer hinein, während rechts und links von ihnen das Wasser wie eine Mauer stand. [23]Die Ägypter setzten ihnen nach; alle Pferde des Pharao, seine Streitwagen und Reiter zogen hinter ihnen ins Meer hinein.

Dritte JHWH-Rede: Ex 14,26

[24]Um die Zeit der Morgenwache blickte der Herr aus der Feuer- und Wolkensäule auf das Lager der Ägypter und brachte es in Verwirrung. [25]Er hemmte die Räder an ihren Wagen und ließ sie nur schwer vorankommen. Da sagte der Ägypter: Ich muss vor Israel fliehen; denn Jahwe kämpft auf ihrer Seite gegen Ägypten.	[26]Darauf sprach der Herr zu Mose: Streck deine Hand über das Meer, damit das Wasser zurückflutet und den Ägypter, seine Wagen und Reiter zudeckt.

Dritte Erfüllung: Ex 14,27–29

[27]Gegen Morgen flutete das Meer an seinen alten Platz zurück, während die Ägypter auf der Flucht ihm entgegenliefen. So trieb der Herr die Ägypter mitten ins Meer. [28]Nicht ein einziger von ihnen blieb übrig.	[27]Mose streckte seine Hand über das Meer. [28]Das Wasser kehrte zurück und bedeckte Wagen und Reiter, die ganze Streitmacht des Pharao, die den Israeliten ins Meer nachgezogen war. [29]Die Israeliten aber waren auf trockenem Boden mitten durch das Meer gezogen, während rechts und links von ihnen das Wasser wie eine Mauer stand.

III. Abschluss

1. Demonstration des Wunders

Ex 14,30f	
³⁰So rettete der Herr an jenem Tag Israel aus der Hand der Ägypter. Israel sah die Ägypter tot am Strand liegen. ³¹Als Israel sah, dass der Herr mit mächtiger Hand an den Ägyptern gehandelt hatte, fürchtete das Volk den Herrn. Sie glaubten an den Herrn und an Mose, seinen Knecht.	

2. Lobpreis JHWHs

Ex 15,20f	Ex 15,1–3
²⁰Die Prophetin Mirjam, die Schwester Aarons, nahm die Pauke in die Hand und alle Frauen zogen mit Paukenschlag und Tanz hinter ihr her. ²¹Mirjam sang ihnen vor: Singt dem Herrn ein Lied, denn er ist hoch und erhaben! Rosse und Wagen warf er ins Meer.	¹Damals sang Mose mit den Israeliten dem Herrn dieses Lied; sie sagten: „Ich singe dem Herrn ein Lied, denn er ist hoch und erhaben. Rosse und Wagen warf er ins Meer. ²Meine Stärke und mein Lied ist der Herr, er ist für mich zum Retter geworden. Er ist mein Gott, ihn will ich preisen; den Gott meines Vaters will ich rühmen. ³Der Herr ist ein Krieger, Jahwe ist sein Name.

Das Beispiel ist entnommen aus: F. Kogler (Hrsg.), Linzer Fernkurse: Erstes Testament I–4, S. 3–5

Tabelle 8 fasst die wichtigsten Unterschiede zwischen der älteren
(JG) und der jüngeren (P) Schicht zusammen:

Motive	JG	P
Lokalisierung	am Rande der Wüste	am Meer
Wundertäter	JHWH alleine ist der Handelnde	Mose als Wundertäter: Er streckt seine Hand über das Meer
Wundergeschehen	Ostwind vertreibt das Meer während der ganzen Nacht	Das Wasser spaltet sich und es steht rechts und links wie eine Mauer. Die Israeliten ziehenen auf trockenem Boden durch das Meer.
	Verwirrung der den Israeliten nachfolgenden Ägypter	
	Hemmung der Räder der Kampfwagen	Die Ägypter verfolgen sie mit Streitwagen und Reitern
	Zurückflutung des Meeres am Morgen	Mose streckt seine Hand über das Meer, das Wasser kehrt zurück und bedeckt Wagen und Reiter
Lobpreis JHWHs	Mirjam singt das Siegeslied	Mose singt das Siegeslied

Tab. 8: Die wichtigsten Unterschiede zwischen der älteren und (JG) der jüngeren (P) Schicht

Die Pentateuchfrage

Da im Ersten Testament von der „Tora des Mose" (1 Kön 2,3; Mal 3,22
u. ö.) oder sogar vom „Buch der Tora des Mose" (Jos 8,31; 2 Kön 14,6;
Neh 8,1 u. ö.) die Rede ist, konnte in der jüdisch-christlichen Tradition der Begriff Tora auf den ganzen Pentateuch ausgeweitet werden.
Als grundlegendes religiöses Dokument wurde die Tora durch die
Autorität des Mose bekräftigt. Im 11. Jh. z.B. beschuldigte der arabi-
sche Gelehrte Ibn Chazm durch Aufweis von Widersprüchen im

Pentateuch Juden und Christen, die göttliche Offenbarung verfälscht zu haben. Da half sich der jüdische Mediziner, Rechtsgelehrte und Exeget Ibrahim Ishaq Ibn Ischusch damit, dass er einige Textstücke aus der mosaischen Verfasserschaft herausnahm, wie z.B. Gen 36,31–39. Wenn auch seit der Antike immer wieder auf Widersprüche hingewiesen wurde, stand die Verfasserschaft des Mose grundsätzlich nicht in Frage. Und dies war auch noch beim Urheber der modernen Pentateuchkritik, dem Leibarzt Ludwigs XV., Jean Astruc (1684–1766), der Fall. Er hat anhand der wechselnden Gottesbezeichnungen (JHWH und Elohim) im Buch Genesis auf verschiedene Quellen geschlossen. Diese lagen aber nach seiner Meinung dem Mose vor. Die seit Mitte des 18. Jh. einsetzende „moderne" Pentateuchforschung zerstörte dann endgültig die Illusion einer mosaischen Verfasserschaft.

So werden parallel laufende Überlieferungen (Gesamtdarstellung von der Schöpfung bzw. von Abraham bis zum Tod des Mose bzw. bis zur Landnahme des Ostjordanlandes) angenommen, die als ursprünglich selbständige Quellen bestimmt werden.

Julius Wellhausen stellte fest, dass die Priesterschrift (P), von ihm Q (= quattuor: 4: Buch der vier Bundesschlüsse) genannt, die jüngste Pentateuchquelle ist. Sein Erklärungsmodell, das bis in die 70er Jahre unhinterfragte Geltung hatte, sieht folgendermaßen aus:

J	Jahwist	etwa 950 v. Chr. (Zeit Salomos, vor der so genannten Reichstrennung 926 v. Chr.)
E	Elohist	um 800 v. Chr. (vor der so genannten Schriftprophetie, bes. Hosea)
D	(Ur-)Deuteronomium	etwa 7. Jh. v. Chr. (Anfänge vor Joschijas Reform 622 v. Chr.; später umfangreiche Erweiterungen)
P	Priesterschrift	um 550 v. Chr. (Exil; Ergänzungen in nachexilischer Zeit)

Tab. 9: Das Wellhausen-Modell zum Pentateuch

Seit den 70er Jahren wurde die Kritik an dem „klassischen" Wellhausen-Modell immer stärker. Der „Elohist" als eigenständige Quelle wurde mehr und mehr in Frage gestellt; das Quellenmodell wurde allzu mechanistisch (bis zur Scheidung von Halbversen) empfunden. Gegen eine so frühe Datierung des „Jahwisten" sprechen gewichtige Gründe. Zur Zeit gibt es keinen allgemeinen Konsens für ein einziges Erklärungsmodell. Eine gewisse Übereinstimmung besteht trotz allem hinsichtlich der auf eine priesterliche Theologie zurückgehenden Textschicht „P" (Priesterschrift) im Pentateuch, die zwischen 550 und 400 v. Chr. anzusetzen ist. Auch der Kernbestand des Dtn, der aus der Epoche des Joschija (622–609) stammt, bietet eine plausible Grundlage für eine relative Chronologie der „Textschichten". Für eine frühe Phase der Überlieferung wird mit der Existenz von „Erzählkränzen" (z.B. Erzelterngeschichten) gerechnet. Auf dieser Grundlage kann ein Zwei- bzw. Dreiquellenmodell eine annehmbare Hypothese werden:

1. Die erste übergreifende Geschichtsdarstellung (= nicht priesterliche Textschicht), entstanden um 700 v. Chr. nach dem Untergang des Nordreichs (722 v. Chr.) und nach der Rettung Jerusalems aus assyrischer Bedrohung (701 v. Chr.): *das Jerusalemer Geschichtswerk* (JG, nach E. Zenger). Dieses Werk wurde dann im Exil auf dem Hintergrund der Ereignisse von 586 v. Chr. (Zerstörung Jerusalems und des Tempels durch die Babylonier) bearbeitet und erweitert = *Exilisches Geschichtswerk* (Dtr JG).

2. Die zweite übergreifende Geschichtsdarstellung entstand in frühnachexilischer Zeit in Babylon um 520 v. Chr.: die *Priesterliche Grundschrift* (PG). Dieses Werk wurde dann nach der Einweihung des Jerusalemer Tempels 515 v. Chr. überwiegend mit kultischen Elementen angereichert = *erweiterte Priesterschrift* (P^s: ^{s} = supplementum/Ergänzung).

3. Als dritte Quelle gilt der Überlieferungsstrom, der uns in der Gestalt des Buches *Deuteronomium* begegnet. Dieses hat eine Entwicklung durchgemacht von einer Gesetzessammlung als Kern aus der Zeit des Königs Hiskija (= *Hiskijanisches Deuteronomium* um 700 v. Chr.) über eine Erweiterung unter Joschija (622 v. Chr.) bis zum umfassenden *Deuteronomistischen Geschichtswerk* (Dtr G), das Dtn 1 bis 2 Kön 25 umfasst.

Aus diesen drei „Quellen" wurde dann *der Pentateuch* komponiert: um 450 v. Chr. wurden zunächst der nicht-priesterliche Strom (Dtr JG) und die ergänzte Priesterschrift (P^s) zusammengearbeitet, bis dann um 400 mit Einschluss eines leicht bearbeiteten Deuteronomiums die *Jetztgestalt des Pentateuch* entstand. Vorher musste das Dtn aus dem Dtr G herausgelöst werden.

Tabelle 10 stellt die wahrscheinliche Entstehung des Pentateuch dar:

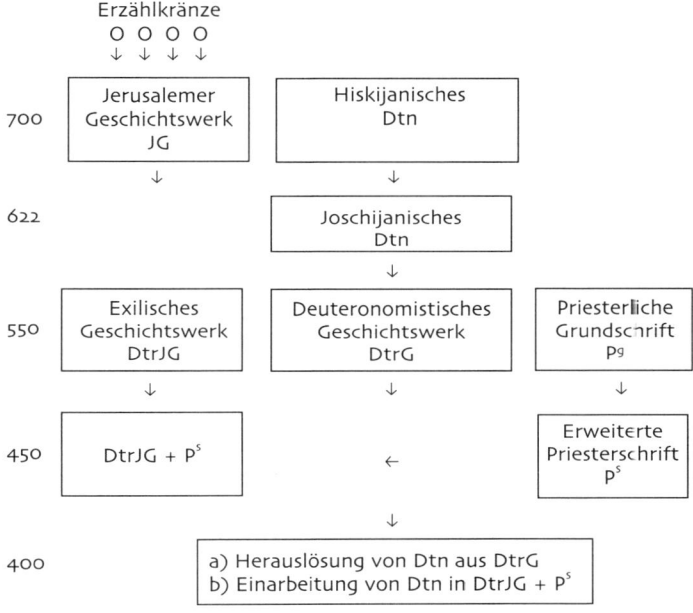

Tab. 10: Wahrscheinliche Entstehung des Pentateuch

Zusammenfassung

Die so genannte Pentateuchfrage fing mit der Bestreitung der mosaischen Verfasserschaft der Tora an. Wie könnte Mose etwa über seinen Tod berichten (Dtn 34)? Bald wurden auch parallel laufende Überlieferungen, wie z.B. Schöpfungs- oder Sintfluterzählungen, entdeckt. Das klassische Wellhausen-Modell (JEDP = Jahwist–Elohist– Deuteronomium – Priester-schrift) wird heute dahingehend verändert, dass aus J (Jahwist) und E (Elohist) eine erste übergreifende, aber später datierte Geschichtsdarstellung, das so genannte *Jerusalemer Geschichtswerk* (JG), wird. Die andere Textschicht, P (Priesterschrift), und die andere Schrift oder Quelle, D (Dtr.), bleiben – wenn auch modifiziert – bestehen.

Lit.: *Bibel und Kirche* 3/1998 (Thema: Wie entstand der Pentateuch?) – *E. Zenger u.a.,* Einleitung in das Alte Testament, 3. neu bearb. u. erw. Aufl. Stuttgart 1998, S. 87–124 – *F. Johannsen,* Alttestamentliches Arbeitsbuch für Religionspädagogen, unter Mitarbeit von S. Ferme, 2. überarb. Aufl. Stuttgart 1998, S. 34–41

5 Eine jahrhundertelange Entstehungsgeschichte

In der vorstaatlichen Zeit (vor 1000 v. Chr.) ist nur mit mündlichen Überlieferungen zu rechnen. Es sind Stammes-, Helden-, Heiligtums- und Ortssagen, Sprüche und Sätze des Sippenethos, die mit den Anfängen des biblischen Israel zu tun haben und später in Erzählkränzen überliefert wurden. Mit dem Aufkommen des davidisch-salomonischen Königreiches (ab 1000 v. Chr.), das die Berufsgruppe von Schreibern benötigte, wird die Grundlage dafür geschaffen, dass erste literarische Erzeugnisse entstehen. 1 Kön 11,41 erwähnt das „Buch der Begebenheiten von Salomo", das vermutlich den Charakter einer Sammlung von Einzelnachrichten (Annalen) hat.

Die Entstehung der Jüdischen Bibel geht eng mit der politischen Geschichte Israels einher. Wir können die literarisch-theologische Produktion Israels in fünf Perioden aufteilen, die jeweils durch besondere Ereignisse gekennzeichnet sind:

1. Die Zeit zwischen 750 v. Chr. und 700 v. Chr. ist außenpolitisch durch die starke militärische Bedrohung von Seiten des assyrischen Weltreichs und innenpolitisch durch eine Verschärfung der Gegensätze zwischen Reich und Arm bestimmt; im Jahre 722 v. Chr. zerstören die Assyrer das Nordreich Israel als selbständigen Staat und verleiben es ihrem Weltreich ein. Diese schwierige außen- und innenpolitische Situation schlägt sich im Auftreten der Propheten Amos, Hosea, Jesaja und Micha nieder, deren Worte ab 700 v. Chr. erstmals in „Prophetenbüchern" gesammelt werden. Um diese Zeit entsteht, als Rückbesinnung auf den Untergang des Nordreichs, auch das erste große Geschichtswerk über die Anfänge Israels (Erzelternerzählungen, Exodus-, Sinai- und Wüstenwanderungsgeschichten). Auch andere Geschichtsdarstellungen entstehen oder werden aus vorhandenem Material zusammengestellt (*Geschichte von Davids Aufstieg:* 1 Sam 16,14 – 2 Sam 5,12 und die *Thronfolgegeschichte:* 2 Sam 9 – 20; 1 Kön 1 – 2). Ebenfalls werden damals in größerem Ausmaß die Rechtsüberlieferungen gesammelt.

2. Zwischen 625 v. Chr. und 600 v. Chr. entsteht eine starke Reformbewegung, die der junge König Joschija mit allen Kräften unterstützt; unter seiner Führung wird im Jahre 622 v. Chr. eine Vorform des späteren Buches Deuteronomium herausgegeben.

3. Die Eroberung Jerusalems, die Zerstörung des Tempels und die Deportation der Oberschicht durch die Babylonier im Jahre 586 v. Chr., die den Beginn des „Babylonischen Exils" markiert, stellt in der Geschichte Israels die größte theologische Herausforderung dar. Israel antwortet mit seiner literarisch wohl produktivsten Epoche: Nun werden die verschiedenen Überlieferungen gesichtet und zu größeren Werken zusammengestellt. Es entsteht z.B. das so genannte „Deuteronomistische Geschichtswerk" Dtn bis 2 Kön: DtrG; ferner die Sammlungen der Propheten Jeremia und Ezechiel, aber auch Fortschreibungen des Jesajabuchs („Deutero-Jesaja").

4. Mit dem Siegeszug des persischen Weltreichs, zu dem das Südreich Juda nur noch als eine kleine Provinz gehört, findet ein Neubeginn statt. 538 v. Chr. erlaubt der Perserkönig Kyrus die Rückkehr der nach Babylon Verbannten und den Wiederaufbau des Tempels von Jerusalem, der 515 v. Chr. eingeweiht wurde. In dieser Epoche entsteht nicht nur die so genannte „Priesterschrift" (um 520 v. Chr.), sondern um 400 v. Chr. auch die Endgestalt des Pentateuch/der Tora.

5. Der Zusammenbruch des Alexanderreichs und die damit verbundenen politischen Erschütterungen sowie die Entstehung der hellenistischen Kultur stellen Israel ab 300 v. Chr. vor die Herausforderung einer theologischen „Gratwanderung" zwischen Tradition und Moderne, die schließlich im 2. Jh. v. Chr. im makkabäischen Befreiungskampf gipfelt. In dieser Epoche werden nicht nur viele der bisher gesammelten Überlieferungen neu bearbeitet (z.B. das Zwölfprophetenbuch, die Psalmen, die Sprichwörter, Ijob), nun entstehen auch noch weitere wichtige Bücher (Kohelet, Esra, Nehemia, die Chronikbücher, Daniel).

Tabelle 11 stellt den Zusammenhang auf einen Blick dar:

Zeit	Weltmächte	Israel/Juda	Schriften
850–800	Aramäer	Politisch-militärischer Druck auf Israel	Privilegrecht (Ex 34), Bundesbuch (Ex 20,22 – 23,33)
750–690	Assyrien	Fall Samarias (722) Ende des Nordreiches	Jerusalemer Geschichtswerk Geschichte von Davids Aufstieg Thronfolgegeschichte Amos, Hosea, Jesaja, Micha
625–600	Assyriens Schwäche und Niedergang Aufstieg Babyloniens	Joschijas Reform (622)	Urdeuteronomium/ Deuteronomium Jeremia
586–538	Babylonien	Eroberung Jerusalems Zerstörung des Tempels Babylonisches Exil	Deuteronomistisches Geschichtswerk Ezechiel, Deuterojesaja, Priesterschrift
538–333	Persien	Rückkehr aus dem Exil Wiederaufbau Jerusalems und des Tempels	Endgestalt des Pentateuch/ der Tora Rut, Ijob
323–200	Zusammenbruch des Alexanderreichs Ptolemäer in Ägypten und Seleukiden in Syrien	Hellenisierung als Herausforderung (Kulturkampf)	Chronik, Esra, Nehemia, Tobit Ester, Sprüche, Kohelet, Hoheslied, Zwölfprophetenbuch, Psalter
175–164	Despotische Herrschaft des Antiochus IV. Epiphanes	Hellenisierung als Glaubensgefahr (Glaubenskrieg)	Jesus Sirach Daniel Judit 1/2 Makk
30	Römische Machtergreifung über Ägypten	Festigung der Herrschaft des Herodes	Weisheitsbuch

Tab. 11: Politische Geschichte und literarisch-theologische Produktion Israels

Zusammenfassung

Das Erste Testament ist im Laufe von Jahrhunderten entstanden. Die Entstehung des Ersten Testaments ist eng mit der politischen Geschichte Israels verbunden. Gerade die Zeiten der Krisen und Brüche, wie der Untergang des Nordreiches Israel (722 v. Chr.), das Babylonische Exil (597–538 v. Chr.) oder der Makkabäische Befreiungskampf im 2. Jh. v. Chr., waren Zeiten der höchsten literarischen Produktion. Hier spielt der Glaubenstext als Hilfe zur Identitätsfindung und -wahrung eine wichtige Rolle.

6 Die mündliche Vorgeschichte des Textes

6.1 Die mündliche Überlieferung

Wir leben heute in einer Informationsgesellschaft, die ihre Informationen vorwiegend aus Gedrucktem bezieht. Die mündliche Überlieferung als Trägerin von Informationen kommt kaum vor. Wer kann schon heute noch Familientraditionen erzählen, die sich nur über ein paar Generationen erstrecken? Die technischen Errungenschaften der elektronischen Datenverarbeitung liefern uns heute immer stärker geradezu unüberschaubare Informationen. Sie vermitteln uns ganz neue Möglichkeiten, vor allem einen gigantischen Zuwachs an Wissen, und dies in kaum vorstellbarer Schnelligkeit. Noch in der vorstaatlichen Zeit Israels (vor 1000 v. Chr.) wurde in Kanaan, dem Lebensraum Israels, die Alphabetschrift voll ausgebildet. Dieses neue System des Schreibens war der Keilschrift des Zweistromlandes und den ägyptischen Hieroglyphen, den damaligen höchst schwierigen Schreibsystemen der Hochkulturen, durch die begrenzte Zeichenzahl weit überlegen und setzte sich, verstärkt durch Verbindung mit dem Aramäischen, in der ersten Hälfte des 1. Jahrhunderts v. Chr. durch.

Trotz Vereinfachung der Schrift ist allerdings eine Verbreitung der Schreibkultur unter allen Schichten des Volkes nicht vorauszusetzen. Die mündliche Überlieferung spielt daher eine viel größere Rolle. Stammessprüche, Lieder, Sagen und Erzählungen wurden über Generationen mündlich überliefert. Es ist deswegen nicht abwegig, dass eine wichtige exegetische Methode, die Formkritik, sich mit der Gesetzmäßigkeit der mündlichen Überlieferung befasst und Erstaunliches zutage treten lässt.

6.2 Gesetze der mündlichen Überlieferung

Auch in der Welt von heute, die voll von Geschichten ist, gibt es immer noch mündliche Überlieferung. Wir alle kennen die unvergesslichen *Kinderreime* – kleine Auszählverse, Sprüchlein über die fünf Finger, die ersten, sehr einfachen Lieder. Gewiss finden wir diese Verse in Heften und Büchern gedruckt. Dennoch lernen die Kinder ihre Abzählreime gewöhnlich aus der mündlichen Überlieferung.

Wie alt sind diese Reime? Wann sind sie entstanden? Wer hat sie verfasst? Es ist schwer, auf diese Fragen zu antworten. Sie können uralt sein. Ihre rhythmische Form bewahrt sie vor den geringsten Veränderungen. Eine Silbe zu viel – schon ist der Rhythmus gestört. Noch weniger kann man eine ganze Zeile weglassen; die Verse sind so kurz, dass eine solche Auslassung sie zerstören würde.

Wir können diese Erfahrungen auf die biblischen Texte anwenden. Kurze Verse können lange Zeit vor ihrer Niederschrift mündlich überliefert worden sein. Ebenfalls können kurze rhythmische Lieder, die man oft nur zufällig datieren kann, in eine sehr alte Zeit zurückreichen. So ist es mit dem Mirjam-Lied:

> *Singt dem Herrn, denn er ist hoch und erhaben;*
> *Ross und Reiter warf er ins Meer (Ex 15,21; 15,1b)*

Dieses Lied hat seinen „Sitz im Leben" in einer Siegesfeier.
Wäre die Anspielung auf die Vernichtung der Kriegsmaschinerie durchs Wasser nicht so deutlich in den Zusammenhang mit dem Ereignis am Schilfmeer gebracht, könnte das Lied in unzählige andere Siegesfeiern nach gewonnenen Schlachten passen. Denn Siege hat man seit jeher gefeiert.

In Num 21,17f ist uns ein „Brunnenlied" erhalten, das überall gesungen worden sein kann, wo man Brunnen grub, vielleicht als rhythmisches Arbeitslied oder zur festlichen Einweihung:

> *Brunnen steig auf! Singet ihm zu!*
> *Brunnen, den Fürsten gegraben,*
> *den die Edlen des Volkes gebohrt*
> *mit dem Zepter, mit ihren Stäben.*

In der mündlichen Tradition sind bis heute vor allem *Witze* zu Hause. Zwar gibt es viele Witzbücher; fast jede Zeitschrift hat ihre Witzecke. Dennoch ist die Weitergabe von Witzen unabhängig von schriftlichen Quellen. Oft erzählt man gehörte, nicht gelesene Witze weiter, und wenn unter bestimmten Umständen, etwa in einer Diktatur, politische Witze nicht mehr gedruckt werden dürfen, zeigen sie ihre unwiderstehliche Kraft, indem sie von Mund zu Mund gehen.

Auch die Witze verändern sich in der mündlichen Überlieferung nur wenig. Diesmal· liegt es nicht am Rhythmus; Witze werden durchweg ohne Rhythmus und Reim erzählt. Es liegt vielmehr an der inneren Dynamik des Witzes, der zielstrebig auf seine Pointe zusteuert. Nur was der Pointe dient, darf erzählt werden. Wer einen Witz zerdehnt, tötet ihn. Auch Witze sind in ihrer Form knapp und kurz. Trotzdem sind Witze nicht so beständig wie Kinderreime. Der eine erzählt dieselben Witze mit anderen Worten als andere. So wandeln sich Witze. Es gibt „Wanderwitze", die z.B. von einem Diktator auf den anderen übertragen oder mit kleinen Abwandlungen verschiedenen Berufen zugeschrieben werden.

Den Witzen in der Form verwandt sind die Erzählungen aus der *Familiengeschichte.* Dazu zählt nicht der alltägliche Klatsch; der bleibt nicht lange genug interessant. Doch gehören dazu Erzählungen vom Großvater, was er bei dieser oder jener Gelegenheit getan oder gesagt hat. Auch solche Erzählungen zeigen eine erstaunliche Beständigkeit in der Form. Das liegt daran, dass auch sie fast immer durch eine bestimmte Pointe zusammengehalten werden. Obwohl sie etwas länger sind als Witze, sind sie in ihrer Länge begrenzt. Ganz selten erzählen sie einen ganzen Lebenslauf, sondern fast immer nur eine Episode aus dem Leben. Diese Beobachtungen genügen, um einige Gesetze der mündlichen Überlieferung aufzuzeigen.

Was mündlich über längere Zeit hinweg überliefert wird, ist *kurz* und *geprägt;* geprägt entweder durch *Reim* und *Rhythmus* oder durch die *Pointe* am Ende. Beides gehört zur *Form.* Die Form spielt demnach bei der mündlichen Überlieferung eine entscheidende Rolle. Sie garantiert die Beständigkeit des Überlieferten.

Darüber hinaus lässt die Form erkennen, mit welcher *Absicht* erzählt wird. Ein Witz will zum Lachen bringen. Bevor er jedoch das Gelächter hervorgebracht hat, weiß der Hörer schon, worum es geht. Der Erzähler hat nicht nötig, vorher anzukündigen, er wolle einen Witz erzählen; der geübte Hörer erkennt den Witz aus der Form. Das ermöglicht, auch auf einen schlechten Witz höflich zu lachen. Die Form zeigt, an welcher Stelle das Gelächter erwartet wird.

6.3   Der „Sitz im Leben"

Die Form sagt dem, der sie kennt, auch sehr genau, bei welcher Gelegenheit er das Gehörte weitererzählen kann. Ein Abzählvers hat nicht nur eine bestimmte Funktion; er passt auch nur in eine bestimmte Situation, nämlich an den Beginn eines Spiels. Außerhalb dieser Situation wird er kaum je vorgetragen. Das Erzählen eines Witzes ist zwar nicht auf eine so begrenzte Situation festgelegt. Dennoch hat auch der Witz seine festen Plätze. Es gibt zwar viele Gerichts-Witze, aber die wenigsten von ihnen dürften bei Gericht erzählt worden sein. Auch auf einer Beerdigung, bei einer liturgischen Handlung, einer staatlichen Feier ist im Allgemeinen kein Raum für Witze. Zwar kann man einen Witz unpassend anbringen. Aber eben das weist darauf hin, dass er eigentlich nur in bestimmte Situationen passt, auf die Karnevalssitzung etwa und in die Stammtischrunde, überhaupt zum zwanglosen Gespräch.

Eine solche Situation nennt man den Sitz im Leben. Gewisse Formen passen nur zu ganz bestimmten Sitzen im Leben. Deswegen kann man, wenn man die Form richtig erkennt, den dazugehörigen Sitz im Leben erschließen. Der Sitz im Leben aber ist deswegen wichtig, weil erst er zu erkennen gibt, mit welcher Absicht gesprochen wurde. Ohne den Sitz im Leben zu kennen, wird man das Gesagte kaum verstehen können. Das ist die entscheidende Erkenntnis der Formkritik.

Den Zusammenhang von Sitz im Leben, Form und Aussageabsicht können wir uns an einem konkreten Beispiel genauer vor Augen führen. Wir gehen von einem beliebigen Ereignis aus:

Zwei Radfahrer stoßen auf der Straße zusammen. Ein zufälliger Passant, auf dem Weg zu einem Freund, wird Zeuge des Vorfalls. Aufgeregt erzählt er seinem Freund, was er erlebte: „Mensch, du, was ich eben gesehen habe! Also, ich stehe da an der Friedrichstraße, will gerade über die Straße, da kommt ein Radfahrer entlanggeflitzt mit einer Affengeschwindigkeit. Ich denk noch: Wenn das mal gut geht! Im selben Augenblick gibt's einen Krach, der Radfahrer fliegt durch die Luft ..."

Das Protokoll eines Polizisten, der zu diesem Unfall gerufen wurde, wird etwa so lauten: „Am 3. April 1971 nachmittags um 17.07 Uhr fuhr Klaus Schäfer, geboren am 12. 8. 1954, wohnhaft in der Gärtnerstraße Nr. 55, mit einem Fahrrad der Marke „Tempo" die Friedrichstraße in Richtung Marktplatz. An seinem Fahrrad konnten keine Mängel festgestellt werden ..."

Ein Pfarrer, der den Unfall erlebte, beginnt am nächsten Sonntag seine Predigt folgendermaßen: „Meine lieben Christen! Da ist ein Mann. Er will zur bestimmten Zeit an einem bestimmten Ort sein. Er hat es sich gut überlegt und will zeitig ankommen. Er schwingt sich auf sein Fahrrad. Da, auf der Fahrt, ein Schatten von rechts! Der Mann stürzt, bleibt verletzt liegen. Sein Plan ist zerbrochen. – So, meine Lieben, ist das menschliche Leben ...“

Dasselbe Geschehen wird für drei verschiedene Sitze im Leben formuliert. Jede Formulierung fällt anders aus. Jede ist so auf ihren Sitz im Leben zugeschnitten, dass wir gar keine Erklärung mehr brauchen, wer Erzähler, wer Polizist und wer Prediger ist. Wir könnten uns übrigens durchaus vorstellen, dass ein und derselbe Zeuge, je nachdem, ob er nur erzählen, ein Protokoll anfertigen oder eine Predigt beginnen will, völlig verschieden formuliert. Der Sitz im Leben prägt die Form stärker als die Persönlichkeit, die formuliert.

Stellen wir uns nun vor, die Formulierungen würden vertauscht; sie gerieten in den falschen Sitz im Leben. Sie würden nicht nur deplatziert wirken – den Freund redet man nicht an: „Lieber Christ!“ und die Gemeinde nicht: „Mensch!“ Die Worte würden vor allem nicht mehr das erreichen, was sie wollen. Wer seinem Freund das Protokoll des Unfalls vorträgt, wird ihn kaum an seinem Erlebnis teilnehmen lassen; er wird ihn eher langweilen oder empören. Wer seiner Gemeinde farbig ausmalt, was er gerade erlebt hat, wird wohl Interesse, aber kaum Erschütterung hervorrufen über die Verletzlichkeit des Menschen und seiner Pläne. Wer vor dem Untersuchungsrichter eine Predigt hält, wird nicht dazu beitragen, den Schuldigen dieses Unfalls festzustellen. Er wird den Richter auch nicht erschüttern, eher befremden oder gar belustigen. Die Wirksamkeit des Gesprochenen hängt also wesentlich davon ab, dass Form und Sitz im Leben zusammenpassen.

Auch wird am Beispiel deutlich, dass nicht jede *Gattung* im gleichen Verhältnis zum berichteten Ereignis steht. Das Protokoll muss dem Geschehen aufs Genaueste entsprechen. Jede kleine Ungenauigkeit wäre ein schwerer Fehler. Beim Erlebnisbericht kommt es so genau nicht mehr darauf an; wichtige Einzelzüge können übergangen werden, kleine Varianten lässt sich der Zuhörer durchaus gefallen. Das Predigtbeispiel könnte ganz erfunden sein. Es will ja eine „ewige“ Wahrheit aufzeigen, die nicht davon abhängt, ob jemand gerade mit dem Rad verunglückte. Das Protokoll muss das Ereignis exakt wiedergeben; aus dem Erlebnisbericht muss man es, in groben Zügen wenigstens, rekonstruieren können; aus der Predigt hingegen kann man nur entnehmen, dass solche Dinge vorkommen – an das genaue historische Geschehen kommt der Zuhörer nicht mehr mit Sicherheit heran.

Schließlich zeigt das Beispiel die Macht, die der Sitz im Leben heute noch auf den Erzähler ausübt. Diese Macht war in der Alten Welt bei weitem stärker, denn sie war ungleich mehr als unsere von festen Formen geprägt. Während es heute denkbar, wenn auch selten ist, dass ein Einzelner sich vom Formzwang befreit und formlos spricht – vor Gericht etwa wie ein Prediger oder als Clown auftritt – unterwarf sich der Mensch der Alten Welt selbstverständlich dem Formzwang des jeweiligen Sitzes im Leben. Was auch immer er mündlich formte, formte er in Hinsicht auf einen bestimmten Sitz im Leben.

Die drei oben zitierten Beispiele sind entnommen aus: D. Arenhoevel, So wurde Bibel. Ein Sachbuch zum Alten Testament, 2. Aufl. Stuttgart 1975, S. 80

6.4 Ermittlung der literarischen Gattungen

Zum sachgemäßen Verstehen der biblischen Texte gehört die genaue Bestimmung der literarischen Gattungen. Das hat das Zweite Vatikanische Konzil erkannt und deutlich ausgesprochen:
„Da Gott in der Heiligen Schirft durch Menschen nach Menschenart gesprochen hat, muss der Schrifterklärer, um zu erfassen, was Gott mitteilen wollte, sorgfältig erforschen, was die heiligen Schriftsteller wirklich zu sagen beabsichtigten ... Um die Aussageabsicht der Hagiographen zu ermitteln, ist neben anderem auf die literarische Gattung zu achten ... Will man richtig verstehen, was der heilige Verfasser in seiner Schrift aussagen wollte, so muss man schließlich genau auf die vorgegebenen Denk-, Sprach- und Erzählformen achten, die zur Zeit des Verfassers herrschten, wie auf die Formen, die damals im menschlichen Alltagsverkehr üblich waren." (Dogmat. Konst. „Über die göttliche Offenbarung", 12)
Im Alltag begegnen uns Großgattungen wie Roman oder Drama, aber auch Kleingattungen wie Gedicht oder Brief. Die kleinsten Sprachformen werden Formeln genannt, so z.B. die Begrüßungsformel „Guten Tag!". Im Ersten Testament haben wir neben Großgattungen wie z.B. Geschichtsbücher, Prophetenbücher oder Novelle, auch Kleingattungen wie z.B. Gebet, Lied oder Parabel. Gerade die Bestimmungen der verschiedensten kleineren Gattungen und Formeln helfen uns zu einem differenzierteren Verständnis. In der Vergangenheit hat die Einteilung der ersttestamentlichen Schriften nach den drei Gattungen „Geschichtsbücher", „Lehrbücher" und „prophetische Bücher" dazu geführt, dass z.B. Jona zu den propheti-

schen Büchern, Tobit zu den Geschichtsbücher und der Psalter zu den Lehrbüchern gerechnet wurden. Die Bestimmung der kleineren Gattungen kann uns z.B. zum besseren Verstehen der Psalmen verhelfen. Im Psalter finden wir nicht etwa allgemein „Gebete", sondern konkret Loblieder, Klagelieder und Danklieder. Auch die Bestimmung der Sprachformel kann eine Verstehenshilfe sein, etwa die Botenformel im Prophetenspruch „So spricht JHWH". Damit wird das Prophetenwort als Gotteswort hervorgehoben.

Abbildung 12 macht einige Beispiele für die literarischen Gattungen im Ersten Testament auf einen Blick anschaulich:

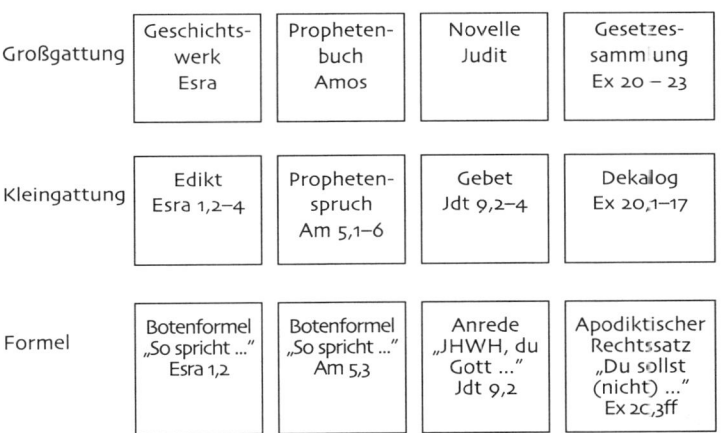

Großgattung	Geschichts-werk Esra	Propheten-buch Amos	Novelle Judit	Gesetzes-samm ung Ex 20 – 23
Kleingattung	Edikt Esra 1,2–4	Propheten-spruch Am 5,1–6	Gebet Jdt 9,2–4	Dekalog Ex 20,1–17
Formel	Botenformel „So spricht ..." Esra 1,2	Botenformel „So spricht ..." Am 5,3	Anrede „JHWH, du Gott ..." Jdt 9,2	Apodiktischer Rechtssatz „Du sollst (nicht) ..." Ex 2c,3ff

Tab. 12: Beispiele literarischer Gattungen im Ersten Testament

Zusammenfassung

Wir haben das Erste Testament in der schriftlichen Form vor uns. Viele Texte wurden aber vor der Niederschrift über Generationen hinweg nur mündlich überliefert. Für jede Situation haben sich Erzählformen oder Textarten gebildet. Für die Herausstellung des Textsinnes ist es wichtig, auf die Textart oder literarische Gattung und auf die Erzählsituation oder den *Sitz im Leben* zu achten. Dann können manche Erzählungen nicht einfach als historische Darstellung aufgefasst werden. Der Textsinn, die Aussage des Textes, kann so erfasst werden. Das schließt nicht aus, dass der Leser oder Hörer mit seinen eigenen Fragen und „Vorurteilen" dem Text begegnet. Er muss aber bereit sein, auf den Text zu hören und sich von ihm her korrigieren zu lassen.

Lit.: A. *Ohler,* Gattungen im AT. Ein biblisches Arbeitsbuch, Düsseldorf 1972 – W. *Bühlmann/K. Scherer,* Sprachliche Stilfiguren der Bibel. Von Assonanz bis Zahlenspruch. Ein Nachschlagwerk, 2. verb. Aufl. Gießen 1994 – G. *Lohfink,* Jetzt verstehe ich die Bibel. Sachbuch zur Formkritik, Stuttgart 1992

6.5 Beispiele ersttestamentlicher Gattungen

In den Schriften des Ersten Testaments werden nur in seltenen Fällen Gattungsbezeichnungen gebraucht (z.B. *tefillah*: Bitte, Gebet; *tehillah*: Loblied; *qinah* Leichenlied; *maschal*: Spruch, Gleichnis). Daher stammen die Gattungsnamen aus der wissenschaftlichen Beschäftigung mit den Texten. Aus der Vielfalt biblischer Gattungen seien folgende Beispiele ausgeführt.

Rechtsnorm oder Rechtssatz

Beginnen wir mit einer arg verkannten Formel, dem Wort „Auge um Auge, Zahn um Zahn". Es kommt im Pentateuch mehrfach vor (Ex 21,24f; Lev 24,19f; Dtn 19,21b). Sein Sitz im Leben ist vergleichsweise leicht zu erkennen, es gehört in die Situation einer Gerichtsverhandlung. Es ist genauerhin eine *Rechtsnorm,* die dem Richter zur Urteilsfindung hilft.

Die Richter der alten Zeit waren keine Berufsrichter. Sie konnten keine großen Rechtssammlungen auswendig lernen oder auch nur in ihnen nachlesen. Sie waren auf handliche Formulierungen angewiesen, mit denen möglichst viele Fälle zu entscheiden waren. Eine solche Rechtsnorm ist „Auge um Auge". Man kann manches zu Gunsten dieser Regel anführen: Sie begrenzt das Strafmaß streng; niemand darf für eine Strieme jemanden mit dem Tode bestrafen (vgl. Gen 4,23!). Die durch sie bestimmte Rechtspraxis schreckte oft den Täter von der Tat ab. Die Formel will also verhindern, dass sie überhaupt angewandt werden muss. Schließlich hat man schon in früher Zeit diese Norm nicht mehr wörtlich, sondern sinngemäß verstanden. Sie besagt dann: Kein Vergehen ohne angemessene

Strafe, wobei der Klugheit des Richters überlassen war, das richtige Strafmaß zu finden.

Man kann diesem Rechtssatz manches vorwerfen – vor allem, dass er, wörtlich angewandt, barbarisch sein konnte. Man kann ihm aber nicht vorwerfen, dass er mit Rachsucht zu tun habe. Er war ja nicht für den Privatmann gedacht, damit er nach seiner Maßgabe seinen Nächsten behandle, sondern dem Richter, dass er mit seiner Hilfe den als schuldig Überführten angemessen bestrafe. Wer diesen Sitz im Leben nicht beachtet, gleicht einem Zeitgenossen, der einen Verkehrssünder privat in seinem Keller einsperrt und ihn dort seine vom Gesetz vorgesehene Strafe absitzen lässt.

Es ist deswegen einfachhin falsch zu sagen, Jesus habe das „Auge um Auge" abgeschafft, es sei denn, man wolle sagen, er habe die Gerichte abgeschafft. Auch kirchliche Gerichte verzichten nicht auf eine sinngemäße Anwendung jener Rechtsnorm. Jesus will allerdings nicht, dass seine Jünger ihre persönlichen Streitigkeiten nach diesem Satz austragen. Denn dafür war der Satz von Anfang an nicht gedacht.

Lesevorschlag: Ex 20,1–17; 21,1 – 23,19; Lev 19,1 – 20,27; Dtn 5,6–21

Lit.: *H. J. Boecker,* Recht und Gesetz im Alten Testament und im Alten Orient, 2. durchges. u. erweit. Aufl. Neukirchen-Vluyn 1984 – *A. Ohler,* Gattungen im AT. Ein biblisches Arbeitsbuch, Düsseldorf 1972, S. 152–170 – *F. Johannsen,* Alttestamentliches Arbeitsbuch für Religionspädagogen, unter Mitarbeit von S. Ferme, 2. überarb. Aufl. Stuttgart 1998, S. 185–206 – *H. Schüngel-Straumann,* Der Dekalog, Gottes Gebote? SBS 67, 2. Aufl. Stuttgart 1980

Die Sage

Mit dem Wort „Sage" wird meistens Fiktion und damit auch Unwahrheit verbunden. Durch den Positivismus der Moderne wird die Wahrheitsfrage auf das Faktische reduziert. Dadurch wird nicht nur die Wahrheit auf einen quantifizierbaren Bereich beschränkt; die Wahrheit der Sage als eigenständiger Form, die auf etwas anderes abzielt als die Geschichtsschreibung, kommt gar nicht in den Blick. Die Sage will nicht in erster Linie mitteilen, wie es gewesen ist. Sie ist nicht an der besonderen Einmaligkeit eines Ereignisses interessiert, sondern am Typischen, Allgemein-Menschlichen. Ihr Interesse ist nicht eigentlich auf die Vergangenheit gerichtet, sondern es geht ihr darum, dass der gegenwärtige Hörer und Leser sich selbst, seine eigenen Probleme und Erfahrungen darin wiedererkennt und daraus Erkenntnisse und Einsichten gewinnt. Bei den Sagen des Ersten Testaments geht es außerdem um das Bewusstsein der geschichtlichen Kontinuität der Gemeinschaft, welche die Sage weitererzählt, mit ihrem Ahnherrn, von dem sie berichtet; so wird die Sage zu einem Stück der eigenen Geschichte.

Der typische Charakter des Erzählten, das den Hörer zum eigenen Nachvollziehen einlädt, kommt auch darin zum Ausdruck, dass sich die Ereignisse im engsten Rahmen abspielen: die Welt stellt sich als *Familie* dar. Die Handelnden sind Einzelpersonen, die zu einer Familie gehören; selbst wenn der Gegenspieler ein „König" ist, so tritt er doch als Einzelperson in Erscheinung. In der Regel sind es nur zwei oder drei Personen, die in der Sage als Handelnde auftreten; sind es mehr als zwei, so stehen doch in den einzelnen Szenen nur jeweils zwei einander gegenüber. Der Handlungsablauf ist in der Regel geradlinig und es gibt nur *einen* durchlaufenden Erzählfaden. Am Anfang wird eine Spannung erzeugt, die einen Höhepunkt anstrebt und am Schluss gelöst wird.

Ein Beispiel: Die Erzählung von der Gefährdung „der Ahnfrau" ist in der Fassung von Gen 12,10–20 (vgl. 20,1–18; 26,7–11) ein Paradebeispiel für die Sagen der Bibel. In ihr wird am Anfang eine Spannung erzeugt, die am Schluss zu einer Lösung kommt. Die Erzählung verläuft aber nicht geradlinig: Die Spannung (wie wird es Abraham ergehen, wenn er mit Sara nach Ägypten kommt? V. 11f) wird zwar gelöst: Abraham bleibt am Leben und es geht ihm gut (V. 16). Aber damit ist zugleich eine neue Spannung erzeugt (was wird aus Sara?). Die für die Hörer und Hörerinnen befriedigende Lösung kommt erst ganz am Schluss mit dem Eingreifen JHWHs zugunsten der Sara. Damit scheint eine Sichtweise durch, welche die Frau berücksichtigt. Die Hörer und Hörerinnen betrachten sich selbst als Nachkommen Abrahams und Saras.

Die Ausführung der Sagen weist eine große Bandbreite auf. Die „klassische" Form der Sagen ist sehr knapp, auf das Wesentliche konzentriert und umfasst oft nicht mehr als 10 Verse im hebräischen Text (z.B. Gen 12,10–20; 16,1–15; 18,1–16; 28,11–19). Es gibt allerdings Sagen, die breit und ausführlich erzählt werden (vgl. Gen 24,1–17: Rebekkas Brautschaft). Das Grundschema der Familienbeziehungen, der wenigen handelnden Personen, des einlinigen Handlungsablaufs usw. ist auch hier beibehalten, doch zeigt sich zugleich eine völlig andere Erzählweise.

Viele Sagen setzen eine nomadische Lebensweise der handelnden Personen voraus. Das sagt noch nichts über ihr Alter aus, etwa dass sie aus nomadischer Zeit stammen. Sie bewahren dennoch ein geschichtlich zutreffendes Bild der Vorfahren der Israeliten und damit auch eine Erzählweise, die ihre Wurzeln in jener Zeit haben kann. In ihrer jetzigen Gestalt erzählen die Erzelternsagen zum einen von der Anfangsgeschichte des eigenen Volkes, z.B. von der Gefährdung und Bewahrung seiner Stamm-Mutter Sara (Gen 12,10–20) oder von den wunderbaren Umständen der Geburt Isaaks (vgl. Gen 18,1–16 mit Gen 21,1ff; hier geht es auch um das beispielhafte Verhalten Abrahams, ebenso in Gen 22). Zum anderen erklären die Sagen auch, wie es zu den Verhältnissen kam, die zur Zeit der Erzähler zwischen Israel und seinen Nachbarn bestanden: Gen 16 und 21,8–21 erzählen, wie dem Ahnvater der „verwandten" Ismaeliter sein Name und seine Lebensweise in der Wüste zuteil wurden; Gen 19,30–38 führen die Entstehung von Moab und Ammon in ihrem Land auf ungewöhnliche Umstände zurück; die Konflikte um Erstgeburt und Segen zwischen den Brüdern Jakob und Esau (Gen 25,21ff; 27) begründen den Vorrang Israels gegenüber Edom; in Gen 21,22–32 und Gen 26,25–33 geht es um das Verhältnis zu den Philistern. Sofern diese Texte erklären wollen, *warum* etwas so ist, wie es ist, haben sie eine *ätiologische* Aussageabsicht (von griechisch *aitia* „Ursache"). Ihrem Inhalt nach kann man sie mit Hermann Gunkel auch als *ethnologische Sagen* bezeichnen.

Bei anderen Sagen kann man von *Ortssagen* sprechen, weil sie in erster Linie an bestimmten Örtlichkeiten interessiert sind. So geht es in Gen 21,22–32 um die Erklärung des Namens „Beerscheba" (vgl. Gen 26,25–33), in Gen 26,18–22 um die Namen weiterer Brunnen. Bei solchen Namenserklärungen kann man auch von „etymologischen Ätiologien" oder „Namensätiologien" sprechen. In Gen 28, 11–19 geht es darüber hinaus und vor allem um die Heiligkeit des Ortes, der darum zum Kultort wird.

Andere Ätiologien wollen bestimmte *Bräuche* erklären, z.B. ein Speisetabu (Gen 32,33), oder bestimmte geologische Besonderheiten wie z.B. die „Salzsäule" (Gen 19,26) und vieles andere. Gelegentlich wird die ätiologische Absicht der Erzählung durch die Wendung „bis auf diesen Tag" hervorgehoben, z.B. Gen 32,33; Jos 5,9.

Die Erzelternsagen spielen – entsprechend der israelitischen Sicht von der Frühzeit der Völker – vorwiegend im Bereich der Familie.

Von ihr beziehen sie meistens auch die Stoffe der erzählerischen Durchführung: Eifersucht der Frauen (Gen 16; 21,8ff), Kinderlosigkeit (Gen 18,1–16), Bruderzwist (Gen 25,20ff; 27). Es ist daher nur folgerichtig, wenn der Erzählhintergrund der Sagen über die Richterzeit und die beginnende Königszeit sich verändert: Der größeren Gemeinschaft, dem „Volk", werden Führergestalten gegenübergestellt, die im Mittelpunkt der Erzählung stehen. Wir können deshalb hier von *Heldensagen* sprechen; die Lebensweise der dargestellten Personen spiegelt das bäuerliche Milieu der Erzähler wider. Dies gilt vor allem für die Sagen des Richterbuches sowie für die von Saul und David (1 Sam 11 – 2 Sam 5). Sie zeigen aber bereits eine gewisse Nähe zur Geschichtsschreibung. Schließlich finden sich unter den Heldensagen auch solche mit schwankhaften, fast burlesken Zügen wie die Simsongeschichten (Ri 13 – 16).

Wie entstehen Sagen?

Hinter einer Sage steht durchaus ein *Ereignis*; dies unterscheidet die Sage von der Ätiologie, die etwas nur erklären will. Die Sage ist sozusagen die geschichtliche Wirkung eines Ereignisses. Aber nicht jedes Ereignis bringt eine Sage hervor. Gewisse *Bedingungen* sind dafür notwendig. Es müssen Menschen dieses Ereignis erlebt haben, die fähig waren, eine Sage zu gestalten. Der dichterische Charakter der alten Sagen setzt *Dichter* als Erzähler voraus. Noch etwas anderes gehört dazu, denn selbst ein Dichter macht nicht aus *jedem* Ereignis eine Sage. Das Ereignis, aus dem eine Sage wird, muss weit aus dem Rahmen des Gewöhnlichen fallen. Die Sage ist also *das Ergebnis eines außergewöhnlichen Geschehens und das Werk eines Dichters oder wenigstens eines begabten Erzählers.* Wie erkennen wir ein „außergewöhnliches Geschehen"?

Es gab in der Antike neben den Dichtern Hofschreiber, die in den königlichen Residenzen saßen und die besonderen Ereignisse eines jeden Jahres in den Jahrbüchern, den *Annalen*, aufzeichneten. Dass ihre Auftraggeber Könige waren, erklärt die Tatsache, dass vor allem politische Ereignisse wie Feldzüge vermerkt wurden. Damit gerieten die Annalen in Konkurrenz zu den Sagen; auch diese feiern besonders gerne kriegerische Unternehmen. Dennoch sind sie voneinander verschieden. Denn die Hofchronisten setzen „objektive" Maßstäbe für ihre Auswahl: die Zahl der beteiligten Truppen, die

Beteiligung eines bedeutenden Feldherrn oder des Königs selbst, die Menge der gemachten Beute oder sonst ein messbarer Erfolg; der Dichter aber geht von dem *Eindruck* aus, den die Schlacht auf die Beteiligten oder die Zuschauer gemacht hat.

Es ist aber keineswegs ausgemacht, dass die geschichtlich entscheidenden Schlachten immer auch den größten Eindruck hinterlassen. Verhältnismäßig unbedeutende Ereignisse können, vielleicht nur wegen der Tapferkeit eines Einzelnen, beim Volk gewaltiges Aufsehen erregen und dadurch Anlass zu einer Sage geben, während Begebenheiten von weltbewegender Bedeutung kaum überliefert werden. So hat die Sage ein ganz anderes *Auswahlprinzip* als die professionelle Geschichtsschreibung. Die Sage gibt nicht die Geschichte wieder, sondern den *Eindruck*, den Menschen von einem Geschehen hatten. Die zahlreichen Sagen, die uns aus der Zeit der Richter erhalten sind, lassen die Geschichte jener Epoche nur ganz bruchstückhaft erkennen. Neben der Schilderung einer wirklich bedeutenden Schlacht – der bei Taanach (Ri 4f) – stehen die fast schwankhaften Erzählungen von den Kraftakten eines lokalen Draufgängers, des Simson (Ri 13 – 16). Wir dürfen also keinen historischen Maßstab an die Sagen anlegen. Sie wollen lebendige Erzählungen sein und die Hörer beeindrucken. Sie wollen denen, die dabei waren, das Erlebnis verlängern, und denen, die nicht dabei sein konnten, das Erlebnis vermitteln. Ein solch starker Eindruck ist nicht durch genaues Nacherzählen erreichbar.

Lassen wir einmal jenes älteste Stück ersttestamentlicher Dichtung, das Lied der Debora mit seinen mächtigen Rhythmen auf uns wirken:

> *Könige kamen und kämpften,*
> *damals kämpften Kanaans Könige,*
> *in Taanach, an den Wassern Megiddos.*
> *Doch Beute an Silber machten sie nicht.*
> *Vom Himmel her kämpften die Sterne,*
> *von ihren Bahnen aus kämpften sie gegen Sisera.*
> *Der Bach Kischon schwemmte sie fort,*
> *der altberühmte Bach, der Bach Kischon.*
> *Meine Seele soll auftreten mit Macht.*
> *Damals stampften die Hufe der Pferde,*
> *im Jagen, im Dahinjagen der Hengste. (Ri 5,19–22)*

Selbst der Historiker kann hier Vermutungen wagen: Die schweren Streitwagen der Kanaanäer wurden von den Israeliten in ungünstiges Gelände gelockt und außerdem durch ein Gewitter arg behindert. Der Dichterin und Sängerin geht es darum, die Begeisterung über das Erlebte wachzuhalten und immer neu zu wecken. Auch die viel ruhigere Prosa-Erzählung derselben Schlacht (Ri 4) wird kaum eine andere Absicht gehabt haben.

Wie wenig das tatsächliche Geschehen, wie sehr die Begeisterung über das Geschehen die Darstellung beherrscht, erkennen wir auch an der poetischen Weiterführung des Schilfmeerliedes (Ex 15). Was ist da mit den Ägyptern alles geschehen! Sie wurden ins Meer geschleudert, fuhren wie Steine in die Tiefe, JHWHs Rechte hat sie zerschmettert und zerschlagen, Gottes Grimm hat sie wie Stroh verbrannt und schließlich hat sie das Meer bedeckt und die Erde verschlungen.

Kraftvolle, vorgeprägte Wendungen begegnen uns hier, die einer überschwänglichen Begeisterung Ausdruck verleihen. Es wäre zu viel verlangt, wenn diese Wendungen das Ereignis tatsachengetreu widerspiegeln sollten. So gehört es zum Bild eines starken Recken, dass er mit der bloßen Hand Löwen erschlägt. Simson (Ri 14,5f) und David (1 Sam 17,34–36) mögen tatsächlich Löwen erschlagen haben. Aber die von ihnen überlieferten Erzählungen geben eher den Eindruck wieder, den diese Männer auf ihre Umgebung machten, als dass sie Protokoll über ihre Taten führen.

So sind die Sagen eine eigene Gattung, geeignet, die Begeisterung, die ein Ereignis der Vergangenheit geweckt hatte, wieder aufleben zu lassen. Sie stehen in unmittelbarem Zusammenhang mit der Geschichte, ohne das Geschehene genau wiederzugeben. Der Historiker wird sich fragen, welcher Art das Ereignis gewesen ist, das zu einer solchen Sage Anlass gab; er kann der Sage auch manches historische Detail entnehmen. Wenn er sie nur nüchtern analysiert – und das muss er ja wohl –, hat die Gattung bei ihm dennoch nicht die Wirkung entfaltet, die sie eigentlich anzielte.

Die neuere Sagenforschung betont den fiktiven Charakter der Sage. Als Ausgangspunkt für die Überlieferung einer Sage können nur die Verhaftung mit einem Ort und die Verbundenheit mit einer Person gelten. Damit entfallen die Sagen als historische Quellen. Da Sagen sich nach der modernen Sagenforschung nicht länger als 100 bis 200 Jahre in mündlicher Weitergabe erhalten und ohne Verschriftung aus der Tradition nach wenigen Generationen wieder

verschwinden, wird angenommen, dass die während der Königszeit niedergeschriebenen Sagen nur wenige Generationen zurückreichen. Außerdem kann mit der Entstehung einer Sage in der Frühzeit Israels nur dann gerechnet werden, wenn die Verschriftung
in der frühen Königszeit nachgewiesen wird. Dem stehen ernst zu
nehmende Argumente entgegen: auch ältere Überlieferungen
dürften in die relativ jüngeren Schriften des Jerusalemer Geschichtswerkes und des deuteronomistischen Geschichtwerkes
aufgenommen sein. Mit erheblichen Umgestaltungen der Sagen in
der mündlichen Tradition sowie in der Verschriftung muss man
rechnen.

Lit.: H. *Gunkel,* Die israelitische Literatur, Nachdruck Darmstadt 1963 – A.
Jolles, Einfache Formen, 2. Aufl. Halle 1958 – M. *Lüthi* (Hrsg.) Sagen
und ihre Deutung, Göttingen 1965 – R. *Rendtorff,* Das Alte Testament.
Eine Einführung, Neukirchen-Vluyn 1983, S. 89–92 – V. *Fritz,* Die
Entstehung Israels im 12. und 11. Jahrhundert v. Chr., Biblische
Enzyklopädie 2, Stuttgart u. a. 1996, S. 202–204 – L. *Petzoldt* (Hrsg.),
Vergleichende Sagenforschung, Darmstadt 1969

Die Funktion der Sage

Was bewirkt die Erzählung einer Sage? Warum wird sie erzählt? Es
sei hier an Hermann Gunkels Unterscheidung zwischen Geschichtsschreibung und Sage erinnert: Im Gegensatz zur
Geschichtsschreibung, deren Ziel die Belehrung ist, will die Sage
„erfreuen, erheben, begeistern, rühren." Dennoch nimmt Gunkel
auch für manche Sagen eine belehrende Funktion an, etwa wenn
eine Ortssage erklären will, wie ein bestimmter Ort zu seinem
Namen kam.
Die Sage hat also ihr belehrendes, rationales Element. Sie vermittelt
Kenntnisse, z.B. über die Herkunft des eigenen Stammes, über sein
Verhältnis zu den Nachbarstämmen usw. Aber die Belehrung ist
gefühlsmäßig getönt. Die im Erzählen der Sage erzeugte und gelös-
te Spannung nimmt den Hörer mit hinein. Dieser wird Teil des
Geschehens. Das wieder prägt den Hörer in seiner *Einstellung,* die
er mit seiner Gruppe teilt, sei es die Familie, der Stamm, der Pro-
phetenkreis usw. Die Sage dient der Identitätsfindung der Gruppe.
Daneben haftet ihr auch ein unterhaltendes und oft erheiterndes
Moment an.

Lesevorschlag: Gen 4,1–16; 11,1–9; 16,1–16; 22; 28,10–20; 32,23–33
Lit.: *F. Stolz,* Das Alte Testament, Gütersloh 1974, S. 53-56 – *A. Ohler,*
Gattungen im AT. Ein biblisches Arbeitsbuch, Düsseldorf 1972,
S. 98–124

Die Fabel

Eine Fabel ist eine kurze lehrhafte Dichtung oder Erzählung, in der
Pflanzen oder (meist) Tiere als handelnde und sprechende Personen
auftreten. In sicherer Verkleidung übt sie beißende Kritik an Personen, Ständen und Einrichtungen.

Nicht von ungefähr begegnen uns im Ersten Testament zwei Fabeln
politischen Inhalts. Die Jotamsfabel (Ri 9,8–15), die eine grundsätz-
liche Kritik am Königtum übt und es als unnütze, ja schädliche Ein-
richtung verspottet, wird in Ri 9,16–20 als Warnung vor dem selbst
ernannten König Abimelech verwendet. Auch die Fabel des Königs
Joasch (2 Kön 14,9), die vor Vermessenheit und Überheblichkeit
warnt, wird politisch auf den König Amazja angewendet (2 Kön
14,10). Obwohl nur zwei Fabeln überliefert sind, spricht für die
Beliebtheit der Fabel ihre Einwirkung auf andere Gattungen, so auf
die Parabel (Jes 5,1–7; 10,15; 29,16; 45,9), auf die Legende (Jona
2,1–11; 4,5–11) und auf die Allegorie (Ez 17,1–10; 19,1–9; 31,1–18).

Lesevorschlag: Ri 9,8–15; 2 Kön 14,9

Klagelied und Leichenlied

Hauptsächlich handelt es sich bei dieser Gattung um kultische Kla-
gen, wie vor allem aus den *Klageliedern des Volkes* ersichtlich ist.
Klage und Bitte der Gemeinde erhoben sich vor allem bei einigen der
regelmäßigen Feste oder Begehungen des Jahres (Neujahrsfest, Ver-
söhnungstag, Bußtage zum Gedenken an geschichtliche Katastro-
phen) und bei den in besonderen Notlagen ausgerufenen Klage-
feiern (vgl. Joelbuch). Auch die *Klagelieder des Einzelnen* waren
ursprünglich kultisch verwurzelt, insbesondere wenn sie auf ein
göttliches Orakel durch das Los, den Priester oder den Kultprophe-
ten abzielten (so in Ps 60,8–10). In anderen Fällen sind sie als geist-
liche oder Gebetslieder einzelner Frommer entstanden und nicht-
kultischer Art.

Die Einleitung der Klagelieder enthält gewöhnlich die Anrufung Gottes, einen Hilfeschrei, eine Bitte oder eine vorwurfsvolle Frage, allerdings selten den Ausdruck des Vertrauens auf JHWH. Nach einer Überleitung können sich im Hauptteil folgende Elemente finden:
- Die Erzählung der Not als Klage, durchsetzt mit Fragen an Gott und mit Angriffen auf Feinde
- die Bitten um Zuwendung und Hilfe, vielleicht verbunden mit Wünschen oder Verwünschungen
- Hinweis auf Beweggründe für das Einschreiten JHWHs, auch Beteuerungen der Unschuld und das Vertrauensmotiv
- das Gelübde eines Dankopfers oder Dankliedes.

Der Schluss enthält öfters solchen Dank oder drückt die Gewissheit der Erhörung aus; dies kann auf drei verschiedenen Vorgängen beruhen: Erstens blicken die Danksätze auf eine veränderte Lage des Beters zurück und sind bei einer späteren Gelegenheit, vielleicht beim Dankopfer, gesprochen worden (z.B. Ps 22). Zweitens kann der Beter seine Erhörungsgewissheit ausdrücken, zu der er sich während der Klage und Bitte durchgerungen hat (z.B. Ps 13). Schließlich kann auf die Klage ein positives Orakel erfolgt sein, für das der Beter sogleich gedankt hat (z.B. Ps 6).

Die Klage um Tote ist eine besondere Liedgattung, das *Leichenlied*. Es trägt die Bezeichnung *qinah* oder *nähi*; sein Sitz im Leben ist das Trauerhaus, in dem es von den Angehörigen des Toten oder von berufsmäßigen Klagefrauen beim Klang der Flöte gesungen wurde. Meist ist es am einleitenden *'êk*, *'êkah* (Ach, wie!) zu erkennen. Die Klage um den Toten gehört zu den verpflichtenden Trauerbräuchen, so dass sich übler Nachrede aussetzt, wer sie unterlässt. Darum ist die entsprechende Aufforderung an die Propheten (Jer 16,5; Ez 24,15ff) ein harter Befehl und die Ankündigung an einen Lebenden, dass man ihm keine Totenklage widmen werde (Jer 22,18f), eine furchtbare Drohung.

Indem das Leichenlied seine kultische Verankerung im Totenkult und im Kult der Vegetationsgötter verloren hat, entwickelt es sich zum persönlichen Leichenlied, das menschlichen Gefühlen stärksten Ausdruck verleiht. Zwei solche Lieder, die David zugeschrieben werden, sind die Leichenlieder auf Saul und Jonatan (2 Sam 1,19–27) und auf Abner (2 Sam 3,33f). Von ihnen ist das erste ein dichterisches Meisterwerk und zugleich von tiefer Empfindung getragen. Gerade die Gestalt Davids zeigt, dass „Mann" nicht nur Stärke, sondern auch Gefühle zeigt.

Lesevorschlag: Ps 13.22.30.88; 2 Sam 1,19–27; Klgl 1 – 5

Lit.: C. *Westermann,* Lob und Klage in den Psalmen, Göttingen 1983 – ders., Klagelieder. Forschungsgeschichte und Auslegung, Neukirchen-Vluyn 1990 – *Bibel und Kirche* 1/2001 (Thema: Psalmen) – G. *Steins* (Hrsg.), Schweigen wäre gotteslästerlich. Die heilende Kraft der Klage, Würzburg 2000 – *I. Baldermann,* Wer höret mein Weinen? Kinder entdecken sich selbst in den Psalmen, WdL 4, 2. Aufl. Neukirchen-Vluyn 1989 – G. *Wagensommer,* „Klagepsalmen und Seelsorge". Der Psalter als Ausdruck persönlicher Frömmigkeit und Sprachhilfe für kranke Menschen, Münster 1998 – E. S. *Gerstenberger,* Der bittende Mensch. Bittritual und Klagelied des Einzelnen im Alten Testament, Neukirchen-Vluyn 1980

6.6   Wandlungen einer Gattung

In Gen 32,23–33 hören wir eine unheimliche Geschichte: Jakob hat seine Familie und alle seine Herden über den Fluss Jabbok gebracht. Er allein bleibt in der folgenden Nacht auf dem anderen Ufer. Da ringt *jemand* mit ihm die ganze Nacht. Als die Morgenröte aufsteigt, muss der Fremde fort. Aber der listige Jakob hält ihn fest. Der geheimnisvolle Wegelagerer muss einen Segen als Lösegeld hinterlassen; erst dann lässt Jakob ihn los. Der Ort, an dem das geschah, heißt *Penuel* („Angesicht Gottes").

Es sind genügend Motive vorhanden, um die Gattung bestimmen zu können: eine Furt (es könnte auch ein Kreuzweg oder Scheideweg sein), die Nacht (später wäre es die Mitternacht), der Überfall eines übermenschlichen Wesens auf einen harmlosen Wanderer, das Wesen kann kein Tageslicht ertragen. Wir kennen viele ähnliche Geschichten vom *wegelagernden Geist* (oder *Dämon*); man erzählt sie von unheimlichen, einsamen Wegstrecken.

Vielleicht können wir die älteste Form der Geschichte noch ergänzen. Der Name des Ortes *Penuel* (*panim*: Angesicht; *el:* Gott) weist darauf hin, dass es an jenem Ort einen Altar gegeben hat; es war wohl üblich, bevor man den Fluss überschritt, auf dem Altar dem Gott oder dem Geist der Furt zu opfern. Tat man es nicht, rächte sich der Dämon. Aber da war einer gewesen, der war so stark wie der Geist und noch listiger als er. Er gab nichts und erpresste den Geist um den Segen.

Diese Erzählung muss aus Israels Umwelt stammen. Der Geist an der Furt von Penuel gehört wohl zu den vielen kleinen Göttern, welche die Natur bevölkerten, nur wenig stärker als die Menschen waren und deshalb von ihnen bisweilen durch Kraft oder Klugheit überwunden werden konnten. Die Erzählung war so eng mit jenem Ort verbunden, dass die JHWHgläubigen Israeliten sie übernahmen, als sie sich dort niederließen. Dabei geschah etwas Unerhörtes. Die JHWHgläubigen Israeliten deuteten jenen kleinen Furt-Gott fast gewaltsam auf JHWH selbst um und erzählten die Geschichte vom eigenen Stammvater Jakob. Diese Umdeutung wird auf die JHWH-Alleinverehrung zurückgehen. So befreite man die Sage zwar von der Vielgötterei, aber das hat auch seinen Preis! JHWH, Israels Gott, trat auf wie ein Dämon; man sagte ihm dadurch Dinge nach, die ganz und gar nicht zu ihm passten.

Dennoch wird gerade an diesem gewaltsamen Zug das Gottesbild umfassender und tiefer als an mancher theologisch wohlabgewogenen Darlegung. Man nahm es in Kauf, Gott nicht zu verstehen, ihn unbegreiflich handeln zu sehen, wenn man nur sicher war, *ihm selbst zu begegnen*. Es ist derselbe Glaube, den später einer der größten Theologen des Ersten Testaments so formuliert: „Ich bin JHWH und sonst niemand. Ich erschaffe das Licht und mache das *Dunkel*, ich bewirke das Heil und erschaffe das *Unheil*" (Jes 45,6f). Der Text weist eine weitere Entwicklungsstufe auf. Ein späterer Erzähler oder vielleicht bereits ein Bearbeiter des aufgeschriebenen Textes brachte mit jenem alten Dämonenkampf den Namen *Isra-el* in Verbindung; der theophore („gotteshaltige") Name bedeutet ursprünglich „Gott streitet". In Anlehnung an die schon auf JHWH und Jakob übertragene Erzählung legt er den alten Namen nun als „der *mit* Gott streitet" aus. Damit bringt er mit unerhörten Worten zur Sprache, was Glauben für Israel heißt: *mit Gott ringen und ihn nicht loslassen, bis man Segen empfängt*.

Die Form- und Literarkritik haben uns die Entwicklung dieser merkwürdigen Erzählung erhellt. Sie beginnt in einer von geheimnisvollen, freundlichen oder unheimlichen Wesen bevölkerten Welt, wie sie uns auch im Märchen noch begegnet (eine Gattung, von der im Ersten Testament nur Elemente vorkommen). Sie vertreibt alle diese Wesen aus der Welt, die nun zum leeren Schauplatz wird, auf dem man immer nur dem geheimnisvollen Einen (= dem Gott Israels) begegnet, ob man ihn nun erkennt oder nicht. Schließlich deutet sie die Begegnung mit diesem Einen als Ringen und Kämpfen, bei dem man zwar Wunden davonträgt, aber am Ende doch reichen Segen empfängt.

Die Gattung der Geistergeschichte wandelt sich im Beispiel also zu einer Ortssage mit theologischer Deutung.

Auch das Leichenlied (*qinah*) ist ein Musterbeispiel für abgewandelten Gattungsgebrauch. Das Leichenlied wird nicht nur von seiner ursprünglichen Situation im Totenkult losgelöst, sondern es verliert seinen Charakter der Trauer. In seiner Anwendung in der prophetischen Verkündigung wird es zum Droh- oder Spottwort (Am 5,1–9; Jes 14,4–21).

Lesevorschlag: Gen 32,23–33; Jes 14,4–21; Am 5,1–9

Lit.: A. Ohler, Gattungen im AT. Ein biblisches Arbeitsbuch, Düsseldorf 1972, S. 118–124 – K. Koch, Was ist Formgeschichte? Methoden der Bibelexegese, 5., durchges. und erg. Aufl. Neukirchen-Vluyn 1989

6.7 Gattungen, die im Ersten Testament fehlen

Der Mythos

Der Mythos wird allgemein als „Göttergeschichte" verstanden. Tatsächlich treten göttliche Gestalten als handelnde Figuren auf. Was den Mythos besonders auszeichnet, ist sein *Sitz im Kult;* ursprünglich wurde er nur in seiner spezifischen gottesdienstlichen Situation überhaupt vorgetragen. Mit dem heiligen Wort waren heilige Handlungen, Riten, verbunden. Unter Umständen wurde das mythische Geschehen dramatisch dargestellt. Wort und Handlung bilden so ein untrennbares Ganzes, ein Ritual.

Die Intention des Mythos besteht hauptsächlich darin, *Wirklichkeit zu schaffen.* Die im Mythos geregelten Verhältnisse bilden oder erhalten die Welt. Die im Mythos erzählte Wirklichkeit geschieht im Ritual. Dieses begründet und erklärt die Welt als ganze oder in Teilbereichen sowohl im Bewusstsein des Menschen als auch in der „objektiven" äußeren Wirklichkeit. Diese Scheidung besteht freilich für den Menschen der antiken Welt nicht.

Im Mythos gestaltet die Kultgemeinschaft ihre Welt. Die hier auftretenden Götter sind Gestalten, in denen sich die in dieser Welt wirkenden Mächte manifestieren – Mächte der Natur, der Geschichte, der Gesellschaft. Im mythischen Geschehen kommen diese Kräfte in ein heilvolles Gleichgewicht. Der babylonische Neujahrsmythos

84

beispielsweise konstituiert die Heilsordnung in der Natur (Aktivierung der Fruchtbarkeit) sowie in den politischen und sozialen Verhältnissen (Bannung der Gefahren für das Volk von außen und innen).

In Mythos und Ritus übt der Mensch denkbar größte Macht aus; er prägt sein eigenes Geschick zusammen mit dem der Götter und der ganzen ihn umgebenden Welt in selbstverständlicher Einheit

Wenn wir dieses religionsgeschichtliche Mythosverständnis auf das Erste Testament anwenden, können wir nicht undifferenziert von Mythen im Ersten Testament, sondern nur von mythischen Elementen und Motiven sprechen. Im Ersten Testament begegnet mythisches Gut nur in einigen Erzählungen, in der prophetischen Heilsankündigung und in der Dichtung, vor allem in den Psalmen und im Buch Ijob.

In den *Erzählungen* beschränkt sich das Vorkommen praktisch auf die so genannte Urgeschichte Gen 1 – 11, die eine Sammlung von Sagen mythischen Inhalts darstellt; sie behandeln grundlegende Ereignisse. In der so genannten ersten Schöpfungsgeschichte (Gen 1,1 – 2,4a), die eigentlich ein Schöpfungshymnus ist, weisen die Finsternis und das Wasser als Merkmale des ursprünglichen chaotischen Zustandes, die Entstehung des Kosmos durch Spaltung der Urflut, der Aufbau der geordneten Welt und das Siebentagewerk Verwandtschaft mit bekannten vorderorientalischen Mythen auf. Auch in der zweiten Schöpfungs- und Paradieserzählung (Gen 2,4b – 3,24) finden sich mythische Elemente: der aus Erde geschaffene Mensch, das Formen der Frau aus der Rippe und ihre Bezeichnung als *Mutter des Lebendigen,* die Lebensspeise, die Verführung des Mannes durch die Frau, der von Himmelswesen bewachte heilige Hain und das Nichterlangen der Gottgleichheit. Während für die kurze Erzählung von der Entstehung der Riesen aus Ehen von Himmelswesen mit Frauen (Gen 6,1–4) bisher keine Parallele aus der Umwelt vorliegt, obwohl eindeutig ein Mythos im Hintergrund steht, ist die mesopotamische Herkunft der Sintfluterzählung (Gen 6,5 – 9,17) seit der Auffindung des Epos von Atrachasis über alle Zweifel erhaben; die Ähnlichkeit reicht bis in kleine Einzelheiten. Auch die Erzählung vom Turm- und Stadtbau zu Babel wird auf einem Mythos beruhen.

Die mythischen Erzählungen und Motive sind allerdings von Israel nicht unverändert übernommen, sondern in den JHWH-Glauben integriert und dadurch abgewandelt worden. Sie werden vom Polytheismus gelöst und auf den einen Gott Israels bezogen; dadurch wird etwa der Weltentstehungsmythos dem Schöpfungsglauben untergeordnet. Der biblische Schöpfungsglaube steht in Verbindung mit dem Verhältnis zwischen Gott und Mensch, mit dem Handeln Gottes im Leben und Geschick der Menschen und der Völker. So wird der Mythos eigentlich nicht „historisiert", sondern aus der polytheistischen Beziehung in die personale Beziehung Gott – Mensch überführt.

Außerhalb der Urgeschichte werden mythische Motive vor allem *in der prophetischen Heilsankündigung oder eschatologischen Prophetie* von Ezechiel an verwendet, ebenso in den *Psalmen* der exilisch-nachexilischen Zeit und im Buch *Ijob*. So kann z.B. Deuterojesaja in einem Spruch zunächst auf den mythischen Chaoskampf und dann auf das Meerwunder beim Exodus, also auf ein geschichtliches Geschehen, anspielen (Jes 51,9–11). Im Einzelnen werden mythische Motive benutzt, wenn JHWHs Taten in Analogie zu denjenigen anderer Götter geschildert werden, z.B. sein Kampf mit den Chaosungeheuern (Jes 27,1; Ijob 3,8), oder wenn Naturvorgänge poetisch geschildert werden (Ps 19,5ff).

Solche mythischen Motive haben keine eigenständige Aussageabsicht mehr. Sie wollen die eschatologischen Ereignisse veranschaulichen und erläutern. Und sie sind brauchbare Sprachmittel, um etwas völlig Unbekanntem und kaum Vorstellbarem in dem künftigen Geschehen Ausdruck zu geben. Der Grund dafür, dass auf Ereignisse der mythischen Urzeit zurückgegriffen wird, liegt im Verständnis des Handelns JHWHs; sein künftiges Handeln wird aus dem früheren verstehbar.

Lesevorschlag: Gen 2,4b – 3,24; 6,1–4; 6,5 – 9,17; Ps 74,13f; 89,10f; Ijob 7,12; 38,8–13

Lit.: A. *Ohler,* Mythologische Elemente im Alten Testament, Düsseldorf 1969 – *dies.,* Die biblischen Erzählungen von Sintflut und Turmbau in der Katechese, Stuttgart 1975 – *Bibel und Kirche* 3/1986 (Thema: Wiederkehr des Mythos?) – H.-P. *Müller,* Mythos, Tradition, Revolution. Phänomenologische Untersuchungen zum Alten Testament, Neukirchen-Vluyn 1973 – C. *Petersen,* Mythos im Alten Testament. Bestimmung des Mythosbegriffs und Untersuchung der mythischen Elemente in den Psalmen, BZAW 157, Berlin/New York 1982 – M. *Görg,* Mythos, Glaube und Geschichte. Die Bilder des christlichen Credo und ihre Wurzeln im alten Ägypten, Düsseldorf 1992 – K. *Kerény* (Hrsg.), Die Eröffnung des Zugangs zum Mythos. Ein Lesebuch, Darmstadt 1967

Das Märchen

Auch im Märchen begegnen uralte magische Vorstellungen (Zauber usw.); wie im Mythos erscheint auch hier die Natur als belebt. Aber im Unterschied zum Mythos hat das Märchen keine wirklichkeitsbildende Kraft. Es geht frei mit den Eindrücken der magischen Welt um. In manchen Märchen spielt das Wunschdenken eine so große Rolle, dass die Wirklichkeit aus den Augen verloren geht. Viele Märchen sind eine Orientierungshilfe im sittlichen und moralischen Bereich. Trotz aller Ähnlichkeit mit der Sage in diesem Punkt spricht das Märchen das Allgemein-Menschliche und nicht eine bestimmte historische Situation oder Begebenheit wie in der Sage an. Häufig tritt auch das spielerische Moment in den Vordergrund; dann wird die Lust an der Entfaltung der ungebundenen Phantasie besonders deutlich greifbar.

Ebenso wenig wie einen Mythos scheint Israel ein Märchen geschaffen, wohl aber manches Märchengut übernommen zu haben. Ägyptischer Herkunft ist das Motiv von der lüsternen Frau, die den jungen Mann zu verführen sucht, ihn hasst und vernichten will, als er ihr aus Dankbarkeit gegen ihren Mann nicht erliegt (Gen 39,7ff). Indischer Herkunft ist die Erzählung vom salomonischen Urteil über das von zwei Frauen beanspruchte Kind (1 Kön 3,16ff); und die Tobitgeschichte verwendet das verbreitete Märchen vom dankbaren Toten.

Bei aller Anerkennung religionsgeschichtlicher Verknüpfungen ist aber zu beachten, dass kein übernommenes Märchen in reiner Gestalt erhalten ist. Entweder sind die Märchen wie die oben genannten in den Zusammenhang einer großen geschichtlichen Darstellung oder in einen Sagenkranz eingeordnet, oder es lässt sich nunmehr ein Einwirken und Weiterleben von Märchenmotiven in anderen Gattungen feststellen. Insbesondere sind Motive der folgenden Märchentypen verarbeitet worden: Motive des *Zaubermärchens* sind der wunderwirkende Stab des Mose (Ex 4,1ff), der das Wasser teilende Mantel Elijas (2 Kön 2,8), der unerschöpfliche und nie leer werdende Mehltopf und Ölkrug (1 Kön 17,16; 2 Kön 4,1ff). Dem *Verwandlungsmärchen* entspricht die Erstarrung der Frau Lots zu einer Salzsäule (Gen 19,26). Motive des *Standesmärchens* begegnen in den Erzählungen von Kain und Abel (Bauer und Hirt) oder Jakob und Esau (Hirt und Jäger), die von Feindschaft oder Überlistung erzählen (Gen 4,1ff; 25,27ff; 27). Wie im *Glücksmärchen* erzählt man vom Bauernsohn Saul, der außer den Eselinnen des Vaters eine Königskrone findet (1 Sam 9), und von dem anderen Bauernburschen, der für einen Beutel voll Gold, ja für des Königs Töchterlein den Riesen erschlägt (1 Sam 17). Dem *Tiermärchen* entstammt die redende Eselin Bileams (Num 22,28ff).

Lit.: *H. Gunkel,* Das Märchen im Alten Testament, Neudruck Frankfurt/M. 1987 – *H.-J. Hermisson,* Altes Testament und Märchen: EvTh 45 (1985) 299-322

6.8 Erträge der formkritischen Beschäftigung mit Bibeltexten

Die Form hat auch mit dem Inhalt zu tun. Durch die sprachliche Analyse eines Textes, dessen genauere Gattungsbestimmung und die Bestimmung des „Sitzes im Leben" wird die Aussagesituation dieses Textes präziser erfasst. Wenn Papst Pius XII. in seiner Bibelenzyklika „Divino afflante Spiritu" (1943) die Erforschung der literarischen Gattungen als einen der wichtigsten methodischen Wege für das Verständnis der Bibeltexte verlangt, war das kein Kniefall vor Wissenschaftsgläubigkeit, sondern ein notwendiger Schritt in der Exegese. Auch das Dokument der Päpstlichen Bibelkommission „Die Interpretation der Bibel in der Kirche" vom 23. April 1993 betrachtet die historisch-kritische Methode für das Verstehen der biblischen Texte als unerlässlich: „Die historisch-kritische Methode ist die unerlässliche Methode für die wissenschaftliche Erforschung des Sinnes alter Texte. Da die Heilige Schrift, als ‚Wort Gottes in menschlicher Sprache', in all ihren Teilen und Quellen von menschlichen Autoren verfasst wurde, lässt ihr echtes Verständnis diese Methode nicht nur als legitim zu, sondern es erfordert auch ihre Anwendung" (I A).

Zusammenfassung
Die dargelegten literarischen Gattungen gehören zu kleineren Textarten und dienen als Beispiele. Zu beachten ist, dass eine literarische Gattung umgestaltet oder in einem neuen Sitz im Leben verwendet werden kann. Dadurch wird auch der Sinn des Textes verändert. Die ausgeführten Beispiele sollen dazu ermuntern, selber Textarten auch in der kleinsten Form, wie z.B. die Botenformel, zu entdecken. Es gibt auch Textarten,

die im Ersten Testament als solche fehlen, z.B. Mythen oder Märchen, obwohl mythische und Märchen-Motive vorhanden sind. Auf diese Unterscheidung sollte geachtet werden, um eventuelle Missverständnisse oder Zweideutigkeiten zu vermeiden. Die Bestimmung der Textarten ist für das Verstehen eines Textes unerlässlich. Das wurde in offiziellen Dokumenten der Katholischen Kirche voll anerkannt.

Lit.: *H.-J. Kraus,* Geschichte der historisch-kritischen Erforschung des Alten Testaments, 4. Aufl. Neukirchen-Vluyn 1988 – *Bibel und Kirche* 4/1994 (Thema: Zugänge zur Bibel. Das neue Bibeldokument aus Rom)

7 Literaturgattungen

Wir sahen, wie das Sprechen in der alten Zeit geprägt war vom jeweiligen Sitz im Leben und wie es sich in bestimmten, festgeprägten Formeln und Gattungen vollzog. Diese Eigenart ging nicht verloren, als das Gesprochene aufgeschrieben und die Dichtung zur Literatur wurde, sie entwickelte sich vielmehr weiter. Der Schriftsteller, der von Anfang an ein Schriftwerk im Auge hatte, konnte viel größere Einheiten entwerfen als der Erzähler. Er übernahm die alten Gattungen und baute sie aus; aus Kurzgeschichten wurden Novellen, aus Anekdoten Geschichtswerke.

Dadurch entstanden neue Gattungen, die nun nicht mehr dem alten Sitz im Leben entsprachen. Die Gattung befreite sich sogar von ihrer Bindung an bestimmte Situationen im Leben der Gemeinschaft; sie wurde Ausdruck künstlerischen Gestaltungswillens und schuf sich ihre eigenen Gesetze. Waren die Bücher zunächst wohl noch gedacht, um bei bestimmten Gelegenheiten vor einem bestimmten Publikum vorgelesen zu werden, so wandten sie sich mit der Zeit immer unmittelbarer an den Leser. Die Schreibstube des Verfassers und die Studierstube des Lesers werden so in abgewandelter Form zum neuen Sitz im Leben.

Wenn wir das Erste Testament lesen und die ganze Entwicklung von der mündlichen Erzählung bis zur Buchwerdung bedenken, können wir kaum noch den Reichtum an literarischen Gattungen überblicken.

7.1 Geschichtswerke

Eine Geschichtsschreibung, die den Anspruch erhebt, objektiv und wertfrei zu sein, gibt es in Israel und im übrigen Alten Orient nicht. Ob es überhaupt so etwas gibt wie absolute Objektivität in der Geschichtsschreibung, ist mit Friedrich Nietzsche (Vom Nutzen und Nachteil der Geschichte) in Zweifel zu ziehen. Geschichte ist in Israel immer Heils- und Unheilsgeschichte. Die Ereignisse der Geschichte werden als Segen oder Fluch Gottes erfahren und gedeutet. Und weil die Geschichte als bevorzugtes Feld der Gotteserfahrung betrachtet wird, ist die Geschichtsschreibung seit ihren Anfängen immer schon eine Art Bekenntnis zu Gott, dem Herrn der Geschichte, gewesen.

Eine Überwindung der bloßen Annalistik (Annalen: Aufzeichnungen wichtiger politischer und militärischer Ereignisse), welche die Ereignisse einfach aneinander reiht, stellen die durch die exegetische Forschung herausgestellten frühen, jedenfalls vorexilschen zusammenhängenden Geschichtsdarstellungen dar:

- *die Geschichte vom Aufstieg Davids* (1 Sam 16 – 2 Sam 5), die den Eindruck erweckt, nicht in einem Zug geschrieben worden zu sein (Doppelungen, Widersprüche), aber doch eine Einheit bildet.
- *die Geschichte von der Thronfolge Davids* (2 Sam 6 – 1 Kön 2), eine wohldurchdachte, zusammenhängende Darstellung der Staatskrise im Davidreich.

Das erste umfassende geschichtstheologische Werk nennt die exegetische Forschung „Jerusalemer Geschichtswerk" (JG, Zenger). Dieses Geschichtswerk wird in Anlehnung an den evangelischen Alttestamentler Julius Wellhausen auch als „Jehovistisches Geschichtsbuch" oder auch einfach „Jehovist" (JE) bezeichnet, in dem die beiden früher angenommenen Quellen „Jahwist" (J) und „Elohist" (E) vereinigt sind.

Das Jerusalemer Geschichtswerk verdankt seine Entstehung der Auseinandersetzung mit dem Untergang des Nordreiches (722 v. Chr.) und der Bedrohung des Südreiches durch die Assyrer. Das Werk, das in Gen bis Num greifbar ist, weist ein Wachstum auf. Es fasst ursprünglich die Erzelternerzählungen und die Exodusüberlieferungen (Auszug – Sinai – Wüstenaufenthalt – Landzuteilung an ostjordanische Stämme) zusammen (Gen 12 – Num 32). Der theologische Schlüssel liegt in Gen 15,1–18 vor, wo die Verheißung des Landes an Abraham „deinem Samen werde ich dieses Land geben" in Gen 12,7 als mit juristischen Worten ausgedrückter Bund Gottes aufgefasst wird: „An jenem Tag schloss JHWH mit Abraham einen Bund des Inhalts: Deinem Samen habe ich hiermit dieses Land gegeben, vom Strom Ägyptens bis zum großen Strom, dem Eufratstrom" (Gen 15,18). Gegenüber der assyrischen Konzeption, welche die Expansionspolitik und Eroberungen der Assyrer als die durch ihren Reichsgott Assur verliehenen Rechtsansprüche betrachtet, wird mit einem Gegenkonzept reagiert: JHWH hat Israel das Land durch einen Bundesschwur übereignet, damit er dort als der einzige und wahre Gott Israels verehrt wird.

Diesem Geschichtswerk wird dann in der exilisch-nachexilischen Zeit eine Urgeschichte vorgeschaltet (Gen 2 – 11), wieder als Antwort auf eine Katastrophenerfahrung, das Babylonische Exil.

Auch eine planvoll gestaltete Geschichtsschreibung ist das erstmals 1943 von Martin Noth ausgewiesene „Deuteronomistische Geschichtswerk" (DtrG). Es umfasst die Bücher (Dtn), Jos, Ri, 1 und 2 Sam, 1 und 2 Kön. Ursprünglich gehörte auch das Buch Dtn dazu, das aber in nachexilischer Zeit aus DtrG herausgetrennt und zum letzten Buch des Pentateuch wurde.

Ein von der Theologie und der Sprache des Dtn beeinflusster Tradentenkreis (darum die Bezeichnung „Deuteronomistisches Geschichtswerk") sammelte im Exil alte Überlieferungen und verfasste daraus eine fortlaufende Geschichtserzählung von Josua bis zum Babylonischen Exil: In der Stunde der Krise wollte man die schwierige Situation durch einen Geschichtsrückblick bewältigen. Es geht also um *„Lernen aus der Geschichte".* Nach dem Exil wurde das Werk nochmals überarbeitet.

Welche Überlieferungen haben die Verfasser im Exil vorgefunden? Ob mit Norbert Lohfink mit einer Erzählung aus der Zeit des Reformkönigs Joschija, die von Dtn 1 bis Jos 22 reicht, zu rechnen ist, ist in der Forschung umstritten. Eine alte Quelle – die Aufstiegs- und Thronfolgegeschichte Davids (1 Sam 16,14 – 1 Kön 2) und ein Zyklus der Elija-Elischa-Erzählungen (1 Kön 17 – 2 Kön 13) – haben die Verfasser gekannt; auch verschiedene alte Listen und Chroniken (2 Sam 8,16ff; 1 Kön 4) haben sie verwendet.

Diese alten, vorexilischen Traditionen mussten sich aber noch nicht die Frage stellen, welche die Menschen im Exil bewegte: Wie steht es mit dem Fortbestand Israels? Nun will die Geschichte zeigen: Israel hat sich immer wieder, von der Landnahme bis zum Exil, gegen JHWH gestellt, ist ihm untreu geworden. Im Dtn und in der „deuteronomischen Tora" (das Dtn bildete ja das erste Buch dieses Werkes) liegt ein „Maßstab" vor, an dem die weitere Geschichte Israels zu beurteilen ist – vor allem am Gebot der ausschließlichen JHWH-verehrung.

Die Gabe des Landes hatte eine Voraussetzung: das Befolgen der Tora. Da Israel sie immer wieder verworfen hat, hat es die Katastrophe selber verschuldet; JHWH ist also mit seinem Gerichtshandeln im Recht. Einerseits wird somit Gott gerechtfertigt, andererseits werden die Menschen in die Verantwortung genommen. Wahrscheinlich haben sich die Verfasser nicht damit begnügt, Israel seine Schuld vor Augen zu stellen. Sie wollten zugleich Möglichkeiten für die Zukunft aufzeigen: Wenn Israel zu JHWH zurückkehrt, wenn es sich neu an der Tora orientiert, kann es hoffen, sein Land wiederzugewinnen.

Die Verfasser stellen in einigen Texten aus dem Richterbuch die Zeit der Richter nach einem bestimmten Schema dar: Weil das Volk von JHWH abfällt, gerät es in Not und Bedrängnis. Es bekehrt sich daraufhin zu JHWH und schreit zu ihm. JHWH erbarmt sich und sendet einen „Retter", der es in der Kraft JHWHs (von seinem Geist erfüllt) aus der Krisensituation befreit, vgl. Ri 2,17–23; 3,7–11 u. ö. Dieser Ablauf der Geschichte bietet Hoffnung: Das Volk im Exil soll erkennen, dass für den bisherigen Verlauf der Geschichte der Abfall von JHWH die Ursache ist (also Volk und Könige verantwortlich sind). Die Katastrophe des Exils ist auf diesem Hintergrund als Eintreten des angedrohten Bannfluches verständlich. Wenn Israel sich erneut JHWH und seiner Tora zuwendet, wird es wieder ins Land zurückkehren dürfen.

Späte, nachexilische Bearbeitungen des Geschichtswerks haben den Akzent neu gesetzt. Auch wenn Israel durch seine Gesetzestreue im Segen JHWHs lebt, darf es nicht stolz und überheblich auf seine „Leistung" pochen. Es lebt ganz und gar aus der Liebe und der Gnade JHWHs (vgl. Dtn 4,23–31; 9,4–8).

Einen Überblick über das DtrG gibt Tab. 13.

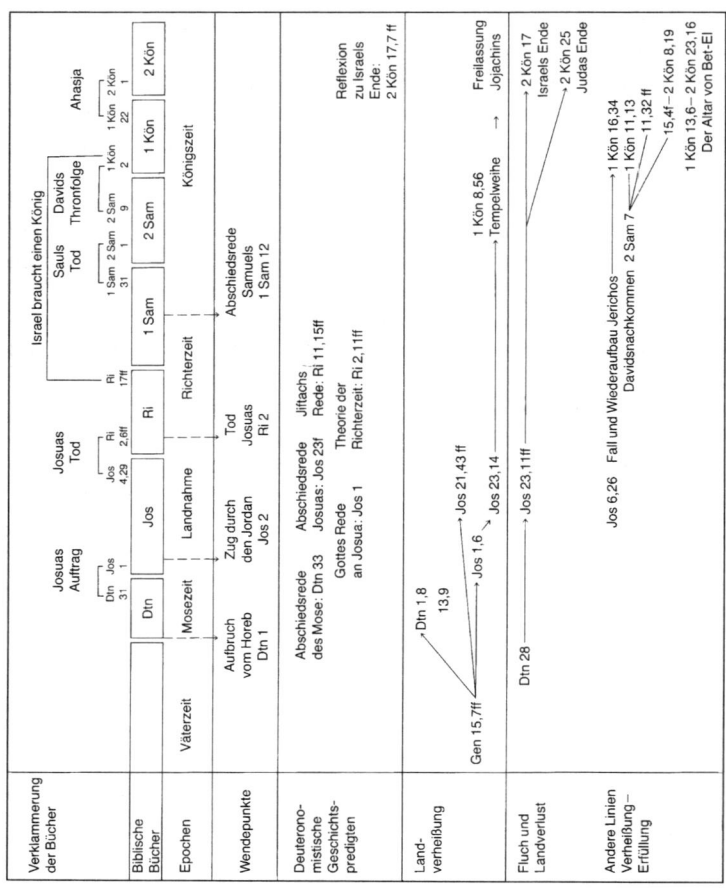

Tab. 13: Überblick über das deuteronomistische Geschichtswerk (aus: A. Ohler, Grundwissen Altes Testament, Bd. 2, 60)

Ein wichtiges Geschichtswerk entstand während des Exils in Babylon: *die Priesterschrift (P)*. Dieses Werk wird so genannt, weil es typisch priesterliche Merkmale aufweist: Bestimmte Redewendungen wie „ewiger Bund", „den Bund aufrichten", „schaffen" (bara'), „Söhne Israels" für Volk Israel u. a. m., monotoner, formelhafter Stil, Über- und Unterschriften, Wiederholungen, Vorliebe für Geschlechtsregister und Ortslisten, eine Fülle von Zahlen und genauen Maßangaben, Bezeichnung der Monate mit Zahlen statt mit Namen.

All dies erleichtert die Rekonstruktion des Werkes.

Nach dem Fall Jerusalems und dem Auslöschen der Eigenstaatlichkeit durch die Babylonier sammeln „Schriftgelehrte", was an religiösem Traditionsgut aus der Katastrophe gerettet worden war und fassen es neu zusammen. Schwere Fragen bedrängen sie: Kann fern dem Land, das JHWH Israel gegeben hatte, JHWH noch verehrt werden? Warum hatte er die Zerstörung des Tempels zugelassen, in dem er mitten in seinem Volk gegenwärtig gewesen war? Wollte er Israel preisgeben an die Götter fremder Völker?

Die Verfasser der Priesterschrift antworten: Es gibt religiöse Institutionen, die von JHWH selbst eingerichtet sind; sie machen die Verehrung JHWHs auch im fremden Land möglich:

– Der *Sabbat*. Er hat universalen Charakter, denn Gott hat ihn schon eingerichtet, als er die Welt schuf und am siebten Tag selbst Sabbat feierte. Israel brauchte ihn später nur noch zu entdecken (vgl. Gen 1 und Ex 16,21ff).

– Das *Gesetz*, das Gott Israel geschenkt hat. Es ermöglicht ein Leben nach dem Willen Gottes auch im Land der Heiden. Große Mengen gesetzlicher Überlieferung werden darum in die Priesterschrift aufgenommen.

– Die *Beschneidung*; sie wird zum Unterscheidungsmerkmal zwischen Angehörigen des jüdischen Volkes und der nichtjüdischen Bevölkerung. Da die Babylonier Unbeschnittene waren, in Kanaan aber auch andere semitische Stämme die Beschneidung geübt haben, konnte erst im Exil die Beschneidung zum exklusiven Zeichen des Bundes erklärt werden.

Die priesterlichen Verfasser erzählen eine fortlaufende Geschichte von der Schöpfung bis zum Erscheinen der Herrlichkeit Gottes am Sinai (Gen 1,1 – Lev 9,24) oder bis zum Tod des Mose (Dtn 34,1–9) und setzen im Vergleich zum Jerusalemer Geschichtswerk neue theologische Akzente.

Schon der Anfang, der Schöpfungshymnus (Gen 1,1 – 2,4a), ist wie ein Motto für das ganze Werk: Gott schafft die Welt durch seine ordnende Macht. Er setzt den Mächten des Chaos feste Grenzen und bestimmt dem Menschen in einer geordneten Welt seinen herausragenden Platz. Der Gott, der die Welt dem Chaos abgerungen hat, wird auch die Geschichte nicht dem Chaos überlassen. Darum spannt P die Geschichte von Adam bis Aaron, dem Stammvater der

Priester, in ein Zahlenraster von Generationslisten ein. Auch der Segen Gottes hält Welt, Menschheit, Völkerwelt und Israel in einem großen Ordnungsgefüge zusammen; den Ablauf der Geschichte gliedert P durch die drei Bundesschlüsse Gottes (Noach-, Abraham- und Sinaibund):

Bundesschlüsse	Gottesbezeichnung	Theologische Schlüsselwörter
Noach (nach Flut)	Elohim (Gott)	Elohim SEGNET die Menschen und errichtet/gibt seinen BUND (b^erit)
Abraham	Elohim als El-Schaddai	El Schaddai errichtet/gibt seinen BUND (b^erit) und SEGNET Abraham und dessen Samen
Mose/ Sinai	JHWH	JHWHs schöpferische HERRLICHKEIT erscheint und lässt sich nieder inmitten seines ganzen Volkes

Tab. 14: Ablauf der Geschichte nach der Priesterschrift (P)

Die Gesamtkonzeption dieses Werkes ist durch die Grundfrage der Menschen im Exil bestimmt: Wo gibt es Halt? Wer gibt uns Hoffnung? Die Priesterschrift (P) ist ein geschichtstheologischer Entwurf, der auf diese Fragen eine Antwort versucht. Ziel des Ganzen ist das am Sinai vorweggenommene Erscheinen der schöpferischen Herrlichkeit Gottes inmitten seines ganzen Volkes (Lev 9,22–24). Die exegetische Forschung rechnet auch in diesem Werk mit einem Wachstum, insbesondere durch Hinzufügung von Gesetzesteilen (z.B. Lev 17 – 26: das so genannte *Heiligkeitsgesetz*). Die Meinungen gehen allerdings weit auseinander.

Das Chronistische Geschichtswerk: Unter diesem Namen werden zwei selbstständige Bücher 1/2 Chr und Esra/Neh zusammengefasst. Die Chronikbücher bilden ein Werk, das erst nachträglich in zwei Bücher aufgeteilt wurde. Der hebräische Titel lautet „Begebenheiten am Tage". Die Chronik ist selbstständiger Versuch, die gesamte Geschichte des Gottesvolkes Israel vom Anfang der Menschheit bis zum Kyrusedikt (538 v. Chr.) aus der nachexilischen Perspektive zusammenzufassen. Die Entstehungszeit von 1 und 2 Chronik wird allgemein in die spätpersische oder frühhellenistische Zeit datiert. Aber auch eine spätere Datierung etwa in die früh-makkabäische Restaurationszeit kommt in Frage.

Der Pentateuch als die „kanonische" *Gründungsgeschichte Israels* enthielt nichts über das davidische Königtum und die Errichtung des Tempels von Jerusalem. Dies wurde von manchen Kreisen als Mangel empfunden. So schuf man in 1 und 2 Chr eine Geschichtsdar-stellung, die bei Adam beginnt und ihren Ziel- und Höhepunkt in der Etablierung des Königtums und des Kultes findet (1 Chr 11 – 2 Chr 9). *David* wird als *„neuer Mose"* gezeichnet: Wie Mose die Gebote geoffenbart werden, so wird David das Modell für den Tempelbau geoffenbart (1 Chr 28,11ff; vgl. Ex 25,9). Der Tempel bildet das Gravitationszentrum der chronistischen Geschichtsdarstellung und Theologie: Der Exodus zielt auf die Errichtung des Tempels, die durch die doppelte Erwählung, die Erwählung der Davididen und die Erwählung der Stadt Jerusalem, vorbereitet wird (2 Chr 6,5–11). Schritt für Schritt wird seine Errichtung unter David vorbereitet, durch die Eroberung Jerusalems, die Ladeüberführung, die Entdeckung des Tempelplatzes als eines heiligen Ortes, die Einsetzung des Tempelbauers Salomo, die Festlegung einer Kultordnung und die Einbeziehung ganz Israels in die Verantwortung für den Bau. Der Tempel, der in Kontinuität zum Begegnungszelt am Sinai steht, symbolisiert *die gnädige Gegenwart Gottes.* Es ist daher folgerichtig, dass die gesamte Königsgeschichte aus der Perspektive des Tempels entworfen wird.

Die negativen Erfahrungen mit den Königen werden allerdings nicht erwähnt. Die Könige werden menschlich, sympathisch und volksverbunden dargestellt. Der Kult wird zwar mit dem Königshaus verbunden und so legitimiert, aber dennoch erscheint er nicht als „Staatskult".

Die Chronikbücher versuchen die verschiedenen Überlieferungs-ströme zu integrieren, besonders den Pentateuch und das deutero-nomistische Geschichtswerk. Geschichte und Liturgie werden zusammen betrachtet, wobei es sich bei der Liturgie um zeitgenössische kultische Bestimmungen handelt. Durch zahlreiche Zitate aus Propheten und Psalmen fließen auch diese Traditionen mit ein. Gerade dem Auseinanderdriften von Gruppen und Traditionen wollte das Werk eine Synthese entgegensetzen. Letztlich will es dafür werben, sich auf das Gehen mit Gott einzulassen. Israel ist zu einer engen, persönlichen Verbundenheit mit JHWH berufen, der mit seinem Volk geht und es begleitet. Diese Gnade Gottes hält sich letztlich durch – in allem Scheitern und in aller Schuld. *So ist es nie zu spät, zu JHWH umzukehren.*

Auch *Esra* und *Nehemia* bilden ein zusammenhängendes Buch, das ursprünglich unter dem Namen Esras überliefert wurde. Sie müssen zur selben Zeit wie die Chronikbücher entstanden sein. Sie behandeln zwei Abschnitte der nachexilischen Geschichte: zunächst die Zeit unmittelbar nach dem Ende des Exils (538 v. Chr.) bis zum Abschluss des Wiederaufbaus des Tempels in Jerusalem (515 v. Chr.), dann die Zeit der Wirksamkeit Esras und Nehemias. Die aus einer Zeitspanne von über 100 Jahren ausgewählten Ereignisse werden so in ein Gesamtbild der Neuorganisation Israels nach dem Exil integriert. Der Höhepunkt der Neukonstituierung Israels liegt in der breit ausgestalteten Bundesschlusszeremonie (Neh 7 – 10) vor.

Die auffallende Besonderheit im Buch Esra ist der Wechsel zwischen hebräischen (1,1 – 4,7; 6,19–22) und aramäischen (4,8 – 6,18) Bestandteilen, die sich teilweise inhaltlich überschneiden. Das Buch Nehemia ist zum Teil als „Denkschrift" Nehemias in der Ich-Form abgefasst (Neh 1 – 7; 11 – 13), eine literarische Form, für die es im Alten Orient viele Vorbilder gibt.

Ein theologischer Schwerpunkt sind neben dem Tempel als dem sichtbaren Mittelpunkt des neu organisierten Israel die Heiligen Schriften, vor allem die Tora, die große Bedeutung für die Identitätsfindung des jüdischen Volkes und seine soziale Integration erlangen (Esra 10; Neh 5). Beide Bücher zeigen auch das wache Bewusstsein für die historische und theologische Tiefendimension der Gegenwart (Neh 9) und das Bemühen um einen auf die Bewältigung der Gegenwart ausgerichteten Umgang mit den in den Schriften aufgezeichneten Traditionen. Mit einer modernen Bezeichnung könnte man sie „kontextuelle Schriftlesung" nennen.

Beide Werke, 1/2 Chr und Esra/Neh, sind damit *geschichtliche Tendenzschriften*. So kann Salomos Abtretung von galiläischen Ortschaften an Tyrus in ein Geschenk an Salomo verwandelt werden (2 Chr 8,1f) oder Esra und Nehemia treten bei den großen Ereignissen, der Einführung des Gesetzes und der Errichtung der Stadtmauer, gemeinsam auf (Neh 8. 12). Sie versuchen, durch die Bewahrung der religiösen Identität auch die Identität des Volkes aufrechtzuerhalten. Details der Darstellung dürfen also nicht unmittelbar historisch ausgewertet werden.

Auch unter den deuterokanonischen Schriften befindet sich ein Buch, das eine Geschichtsschreibung mit deutlicher Tendenz ist:

1 Makkabäer. Die um 100 v. Chr. hebräisch verfasste, aber nur noch in griechischer Übersetzung erhaltene Schrift erzählt von schweren Verfolgungen der toratreuen Juden unter seleukidischer Herrschaft, insbesondere vom Tempelfrevel (1 Makk 1,54: „Gräuel der Verwüstung", vgl. Dan 11,31) des Antiochus IV. Epiphanes (167–165 v. Chr.) und von der siegreichen Befreiung des Tempels und der Rückeroberung Jerusalems durch die Makkabäer. Die Ereignisse werden nach der Art der früheren Geschichtserfahrungen des Gottesvolkes (Exodus, David – Goliat, Sanherib vor Jerusalem) geschildert. Die Makkabäer werden nach dem Vorbild der frühen Rettergestalten dargestellt. Unverhohlene Sympathie für die hasmonäische Hohepriester- und Herrscherdynastie tritt uns hier entgegen. Innerjüdische Kritik an der Politik der Hasmonäer wird einfach totgeschwiegen. Ein besonderes Merkmal ist, dass der Verfasser sich als „Historiker" verstand, indem er sich strikt davor hütet, in seiner Darstellung Gott jemals direkt eingreifen zu lassen, ja überhaupt ihn nur zu nennen. *Gott handelt durch Menschen.* Trotz Einseitigkeit ist 1 Makk eine wichtige Nachrichtenquelle über die Makkabäerzeit und bleibt ein Anstoß zur Hoffnung, „dass Gott sein Volk trotz aller Sünde und Gewalt von außen und von innen auch in der Gegenwart rettet" (H. Engel).

Zusammenfassung

Die Bezeichnung „Geschichtswerk" will die Textarten, die der Geschichtsschreibung zuzuordnen sind, nicht als wertfreie Darstellung von Ereignissen bestimmen. Geschichtsschreibung – einschließlich moderner – ist immer auch Deutung. Die Betonung oder Weglassung bestimmter Ereignisse und die Zuordnung eines Geschehens zu anderen Geschehnissen geht auf das Konto des betreffenden Geschichtsschreibers und ist zugleich eine Deutung. Auch eine besondere Sicht der Geschichte ist Deutung. Israel sah seine Geschichte als Gottes Handeln. Überhaupt ist für Israel die Geschichte ein bevorzugtes Feld der Gotteserfahrung. Das Handeln Gottes, die Geschichte Gottes mit seinem Volk, zielt auf das Heil – trotz Unheilserfahrungen.

Lesevorschlag: 1 Sam 16.18.24.26.31; 2 Sam 1; Gen 15; Ex 34; Ri 2,11–23; Gen 1,1 – 2,4a; 17; 1 Chr 21; Esra 3; Neh 5; 1 Makk 4,36–61
Lit.: H. Donner, Geschichte des Volkes Israel und seiner Nachbarn in Grundzügen, Teil 1, 3. Aufl. Göttingen 2000 und Teil 2, 2., durchges. u.

erg. Aufl. Göttingen 1995 – *S. Herrmann/W. Klaiber,* Die Geschichte
Israels von Abraham bis Bar Kochba, Stuttgart 1996 – *J. A. Soggin,*
Einführung in die Geschichte Israels und Judas von den Ursprüngen
bis zum Aufstand Bar Kochbas, Darmstadt 1991 – *E. Würthwein,* Die
Erzählung von der Thronfolge Davids – theologische oder politische
Geschichtsschreibung? ThSt 115, Zürich 1974 – *C. Westermann,* Die
Geschichtsbücher des Alten Testaments. Gab es ein deuteronomisti-
sches Geschichtswerk? ThB 87, München 1994 – *A. Ohler,*
Grundwissen Altes Testament, Band 2: Deuteronomistische Literatur,
Stuttgart 1987

7.2 Gesetzeskorpora

Das Zusammenleben in einer Gemeinschaft gelingt nur, wenn
Spielregeln beachtet werden. Denn jede Gemeinschaft braucht
bestimmte Grundsätze und mehr oder wenig detaillierte Einzelrege-
lungen sowie ein bestimmtes Verfahren, nach dem die Einhaltung
dieser Grundsätze und Regeln sichergestellt wird und Verstöße
dagegen geahndet werden. Diese Gemeinschaftsregeln wachsen im
Laufe von Generationen und Jahrhunderten – nicht ohne Veränderungen und Umgestaltungen. So entsteht ein Rechtsleben, in dem
sich die sozialen und politischen Strukturen und Wandlungen der
jeweiligen Gemeinschaft widerspiegeln.

Im Pentateuch begegnen uns mehrere umfangreiche Gesetzesbücher, die in größere Erzählzusammenhänge eingearbeitet worden
sind: das *Bundesbuch* (Ex 20,22 – 23,33), *das Deuteronomische
Gesetz* oder *Urdeuteronomium* (Dtn 12 – 26) und das *Heiligkeitsgesetz* (Lev 17 – 26). Diese Gesetzesbücher oder -korpora wurden
größtenteils aus früheren Gesetzessammlungen zusammengestellt.
Kein einziges dieser Gesetzeskorpora weist einen klaren, von
Wiederholungen und Widersprüchen freien Aufbau und eine sinn-
und planvolle Ordnung auf. Viele Unebenheiten rühren vom Versuch, ältere Bestimmungen einer neuen Situation anzupassen. *Es
ist also ein Missverständnis, wenn Gesetze im Ersten Testament als
„Buchstabengesetz" aufgefasst werden.*

Das *Bundesbuch* (B), dessen Name auf Ex 24,7 zurückgeht, aber
eigentlich nur „die Zehnworte" (Dekalog, Ex 20,2–17) meint, ist das
älteste Gesetzesbuch des Ersten Testaments (9. Jh.). Es wurde sekundär in die Sinai-Erzählung (Ex 20,1 – Num 10,10) eingefügt. Es handelt sich beim Bundesbuch um eine Zusammenstellung verschiede-

ner Elemente: Kultgebote (Ex 20,22–26), Rechtssatzungen (Ex 21,1 – 22,16) und religiöse und sittliche Weisungen (Ex 22,27 – 23,12). Da die Rechtssätze dieser Sammlungen israelitischer und kanaanäischer Herkunft sind, ist das *Bundesbuch ein wichtiges Dokument des Zusammenwachsens beider Kulturen in demselben Lebensraum*. Grundanliegen des Bundesbuches ist es, durch Rechtsbestimmungen dem Volk ein ungestörtes Gottesverhältnis zu gewährleisten.

Dtn 12 – 26 bildet ein weiteres Gesetzesbuch. 2 Kön 22 berichtet von der Auffindung des „Gesetzesbuches" durch den Oberpriester Hilkija im Jerusalemer Tempel im 18. Regierungsjahr des Königs Joschija (622 v. Chr.). Dieses *„Deuteronomische Gesetz"* oder *„Urdeuteronomium"* diente als Grundlage für die joschijanische Kultreform. Darüber, was Entstehung und Herkunft dieser ursprünglichen Gesetzessammlung angeht, gehen die Meinungen weit auseinander. Jedenfalls setzt das Urdeuteronomium eine gewisse Beziehung zum Bundesbuch voraus. Auch wird es mit den vermutlichen Reformgesetzen aus der Zeit Hiskijas (728–699 v. Chr.) gleichgesetzt. Neben den „Zentralisationsgesetzen" (Dtn 14,22–24; 15,19–23; 16,1–17; 17,8–13; 18,1–8) ist der soziale Zug dieser Gesetzgebung hervorzuheben: *Die Fürsorge für die Armen wird rechtlich verankert.*

Eine weitere Gesetzessammlung, das *Heiligkeitsgesetz* (Lev 17 – 26), das seinen Namen der in Lev 19,2 erhobenen Forderung verdankt *„Ihr sollt heilig sein; denn ich bin heilig, JHWH, euer Gott"*, enthält altes Material, entstand aber erst während des Exils und erfuhr verschiedene Erweiterungen, bis sie schließlich in P aufgenommen wurde. Zweck dieses Gesetzbuches ist die *Bildung einer erneuerten gottgefälligen (heiligen) Volksgemeinschaft*. Im Unterschied zu Lev 1 – 16, gelegentlich „Priesterkodex" genannt, ist nicht die Priesterschaft, sondern das Volk angesprochen. Auch finden wir darin die *erste Ausformulierung des Gebots der Nächstenliebe* (Lev 19,18). Nicht von ungefähr steht das Heiligkeitsgesetz etwa in der Mitte der Tora.

Zusammenfassung

Ein undifferenziertes und einseitiges Verständnis des paulinischen „Gegensatzes" Gesetz – Evangelium hat zur Diffamierung und Entwertung des Ersten Testaments unter Christen geführt. Dadurch kommen Sinn und Bedeutung der ersttestamentlichen Gesetze nicht in den Blick. Gesetze sind nicht nur für ein geregeltes Zusammenleben nötig, sondern die ersttestamentlichen Gesetze zeigen auch theologische Tendenzen, die eine beachtliche humane Rechtskultur hervorgebracht haben.

Lesevorschlag: Ex 20,22 – 23,33; Dtn 5,6–21; 15.20; 23,16; 24,10–22; Lev 19.2
Lit.: F. *Crüsemann,* Die Tora. Theologie und Sozialgeschichte des alttestamentlichen Gesetzes, München 1992 – L. *Schwienhorst-Schönberger,* Das Bundesbuch (Ex 20,22 – 23,33), BZAW 188, Berlin 1990 – F.-L. *Hossfeld,* Der Dekalog. Seine späten Fassungen, die originale Komposition und seine Vorstufen, OBO 45, Freiburg/Schweiz 1982 – H. *Schüngel-Straumann,* Der Dekalog – Gottes Gebote? SBS 67, Stuttgart 1973

7.3 Lehrerzählungen

Im Streit um die historische Wahrheit der Bibel, der im letzten Jahrhundert heftig entbrannte, spielte eine besondere literarische Gattung eine wichtige Rolle. Wenn die Gattung auch im Einzelnen nicht immer leicht festzulegen ist, wird sie nach deren grundsätzlicher Tendenz als Lehrerzählung bestimmt.

Ihr Thema ist durchweg eine Glaubenswahrheit. Diese Wahrheit wird aber nicht etwa in Glaubenssätzen ausgedrückt, sondern in eine Geschichte gekleidet. Um ihre Eigenart zu verstehen, könnte man sie mit *Gleichnissen* vergleichen. Wie bei den Gleichnissen kann man bei der Lehrerzählung erst durch kluges Hinhören der Botschaft auf die Spur kommen. Insofern hat sie auch große Ähnlichkeit mit der *Fabel,* die allgemeine Lebenswahrheiten in Tiergeschichten kleidet. Während aber die klassische Fabel ihre „Moral" am Schluss offen und unverhüllt ausspricht, bleibt sie bei der Lehrerzählung – wie beim Gleichnis – in der Erzählung „verborgen". Dennoch ist es nicht allzu schwer, die Lehre der Erzählung wenigstens in groben Zügen zu entdecken, sobald man auf die Eigenart der Gattung achtet. Zum genauen und umfassenden Verständnis braucht der Leser allerdings die Hilfestellung durch Fachliteratur. Da die Lehrerzählungen sehr viel weiter ausgeführt sind als die vergleichsweise einfachen Gleichnisse, haben ihre Verfasser nicht nur einen Merksatz, sondern ganze Abhandlungen in ihre Geschichten einarbeiten können. Das nächstliegende Missverständnis besteht darin, Lehrerzählungen mit Geschichtswerken zu verwechseln, um dann verzweifelt wenigstens den „historischen Kern" zu retten. Versuchen wir darum an einigen Beispielen zu erkennen, wie sich Form und Absicht jener Gattung von Geschichtsdarstellungen unterscheiden.

Das Buch Judit

Durchweg sind Lehrerzählungen straffer aufgebaut und auch kürzer als Geschichtswerke. Die umfangreichsten können dennoch Buchformat erreichen. Eine typische, ins Romanhafte gehende Lehrerzählung ist das deuterokanonische Buch *Judit*.

In der Vergangenheit, aber auch heute, wird dieses Buch in bestimmten Kreisen hartnäckig mit einer geschichtlichen Darstellung verwechselt. Das verwundert nicht, da es von politischen Ereignissen erzählt, von Feldzügen, einer Belagerung, und außerdem viele Namen nennt; keine wichtige Person tritt ohne Namen auf.

Doch gerade die Namen geben den ersten Schlüssel zum richtigen Verständnis. Das Buch beginnt mit dem Satz: *„Im 12. Jahr der Regierung Nabuchodónosors, der König über die Assyrer in der großen Stadt Ninive war ..."*

Dieser Satz klingt wie eine offizielle Erklärung eines Herrschers. Er enthält aber eine solch groteske Zusammenstellung historischer Namen, dass er entweder völlige Unkenntnis der Geschichte verrät oder aber einen beabsichtigten Hinweis geben will. Nabuchodónosor (Nebukadnezzar) war nicht König von Ninive, sondern von Babel, nicht König der Assyrer, sondern der Babylonier. Sein Vater Nabopolassar war maßgeblich an der Eroberung Ninives (612 v. Chr.) beteiligt, die dem Reich der Assyrer ein Ende machte. Nebukadnezzar selbst hatte 586 v. Chr. Jerusalem zerstört, den judäischen König Zidkija blenden lassen und mit vielen anderen in die Verbannung nach Babel verschleppt; dies geschah im 18. Jahr seiner Regierung. Nach dem Buch *Judit* greift er in diesem Jahr die schon wieder aus der Verbannung heimgekehrten Juden an (Jdt 2,1)! Das Datum der Zerstörung Jerusalems war allgemein bekannt. Es stand nicht nur in der Schrift (2 Kön 25,8; Jer 52,12), sondern wurde auch in einem jährlich begangenen Bußtag genannt. Aus diesen Unebenheiten wird bereits die richtige Deutung sichtbar.

Nebukadnezzar, der Zerstörer der heiligen Stadt und des Tempels, war für die Juden zum Inbegriff menschlichen Übermuts geworden, zum Feind des Gottesvolkes schlechthin; Ninive war schon seit alter Zeit Symbol brutaler Machtanwendung des stolzen und rücksichtslosen Menschen.

Der Verfasser breitet ein grandioses Bild vor unseren Augen aus: Nabuchodónosors Feldherr Holofernes, der seinen König als „Gott der ganzen Welt" ausgibt und nach der Unterwerfung aller Völker der Erde mit seinem unermesslichen Heer an der Grenze des jüdischen Staates steht, versinnbildlicht alle bösen Mächte der Geschichte, die Gott nicht fürchten und das Volk Gottes verfolgen. Als Kontrastbild hebt sich Judit (die „Jüdin", Symbol des jüdischen Volkes) aus Betulia (symbolischer Name = Gotthausen, Deckname für Jerusalem?) davon ab. Sie, eine Frau, tritt unerschrocken dem übermächtigen Feind entgegen und besiegt ihn durch Tapferkeit, Klugheit und Gottvertrauen. Der Sinn ist klar: Die Gemeinde Gottes wird am Ende über alle anstürmenden Mächte triumphieren. *Es wäre ein Missverständnis, hier Gewaltverherrlichung zu sehen. Das Gegenteil ist der Fall!* Wir brauchen nur Jdt 9,8–11 aufmerksam zu lesen, um uns davon zu überzeugen. Das Buch ist voller Anspielungen auf ältere Schriftstellen, zumal aus den Werken der Propheten, und nimmt dadurch indirekt zu bestimmten theologischen Lehren Stellung. Darum wird man es nicht nur zur erbaulichen, sondern zur eigentlich theologischen Literatur seiner Zeit rechnen, nahe verwandt den *Midraschím* (Einzahl: Midrasch), den Lehrerzählungen der späteren Zeit, die aus Schriftauslegungen hervorgegangen sind. Es ist übrigens durchaus denkbar, dass Zeitereignisse den Verfasser zu seiner Darstellung angeregt haben. Vielleicht hatte er den jüdischen Aufstand von 167 v. Chr. gegen die seleukidische Staatsmacht im Auge. Nur darf man in seinem Buch keine verhüllte Geschichtsdarstellung, etwa nur unter geändertem Namen, suchen. *Das Buch will kein historisches Ereignis, sondern die Überwindung scheinbar aussichtslos überlegener kriegerischer Gewalt in verdichteter Form erzählen.*

Lesevorschlag: Jdt 16

Lit.: *Bibel heute* 2/1992 (Thema: Judit? Judit!) – *E. Haag,* Studien zum Buch Judith. Seine theologische Bedeutung und literarische Eigenart, TThSt 16, Trier 1962

Das 2. Makkabäerbuch

Die gleiche Absicht verfolgt das 2. Makkabäerbuch, ein weiteres deuterokanonisches Buch. Der Verfasser hat sein Werk nicht etwa aus Schriftanspielungen, sondern aus Auszügen eines verloren gegangenen fünfbändigen Geschichtswerkes von Jason von Kyrene zusammengestellt. Wir können daher mit einer Menge historischen Materials rechnen. Zu beachten ist jedenfalls, dass der Autor sich einer in der biblischen Literatur sonst nicht vorkommenden Gattung hellenistischer Geschichtsschreibung bedient. Doch lehnt er ausdrücklich ab, eine geschichtliche Abhandlung bieten zu wollen (2 Makk 2,28.30). Trotz alledem hat man ihn lange Zeit als Historiker missverstanden. Gattungsmäßig ist sein Werk am besten als *Erbauungsliteratur* zu charakterisieren. Dennoch könnte der Verfasser auch historische Daten verwendet haben. Da er insbesondere zeigt, nach welchen Gesetzen sich die Geschichte der Gemeinde Gottes abspielt, wie Glaube und Schicksal Israels sich zueinander verhalten, kurz, was das Wesen der Gottesstadt auf Erden ausmacht, ist sein Werk so etwas wie ein *ekklesiologischer Traktat*. Das Zentrum bildet der Tempel in Jerusalem. *Er ist der Ort der Gottesbegegnung, die sich im Kult vollzieht.*

Lesevorschlag: 2 Makk 3,7
Lit.: *St. von Dobbeler,* Die Bücher 1/2 Makkabäer (NSK-AT 11), Stuttgart 1997

Das Buch Jona

Verwandt mit dem Buch *Judit* ist durch eines seiner Motive das Büchlein *Jona*. Es ist älter als die eben genannten Werke, die alle in die späte Zeit des Ersten Testaments gehören und im jüdischen Kanon schon keine Aufnahme mehr gefunden haben. Es ist auch viel kürzer; die schriftgelehrten Anspielungen sind gering.
Im Unterschied zum Buch *Judit* gebraucht es nur wenige Eigennamen. Eben dadurch und durch das Fehlen jeder Datierung unterscheidet es sich in der Form von den echten Prophetenbüchern. Die vorkommenden Namen sind Symbole. *Ninive*, das Jon 3,3 ausdrücklich die „große Stadt vor Gott" genannt wird, ist ein Zeichen ungerechter Macht; *Tarschisch* bedeutet die äußerste Ferne, *Jerusalem* den Ort der kultischen Nähe Gottes.

Und Jona? Er ist zunächst das Spiegelbild jener Frommen, die das Recht absolut setzen, wenn auch die Welt dabei untergeht, und die ihr Motto „Strafe muss sein" unbesehen als Gottes Motto ausgeben. Gott aber ist nicht so, wie Jona ihn möchte. Er setzt sich selbst seinen Frommen gegenüber ins Unrecht, um Ninive zu retten, und zeigt damit, wie hoch seine Liebe sich über eine bloße Vergeltungsgerechtigkeit erhebt, eine Liebe, die sich auf alles Bestehende richtet, selbst auf das „viele Vieh" (Jona 4,11). *Ein Buch, das von einer starken Strömung im Judentum zeugt, die Gottes Liebe nicht partikularistisch beschränkt sieht.* Das Buch endet mit einer Frage Gottes an Jona, die sich letztendlich an den Leser/Hörer richtet. Die Auseinandersetzung um die Größe des Fischmauls, durch das Jona hätte rutschen können, ehrt die Bibelauslegung einst und heute keineswegs. Dem unheimlichen Fisch, Sinnbild der Unterwelt, ist mit dem Zentimetermaß nicht beizukommen. Das fundamentale Thema von Tod und neuem Leben kommt so nicht zu Gesicht. Tab. 15 stellt Struktur und theologische Leitgedanken des Jonabuches dar.

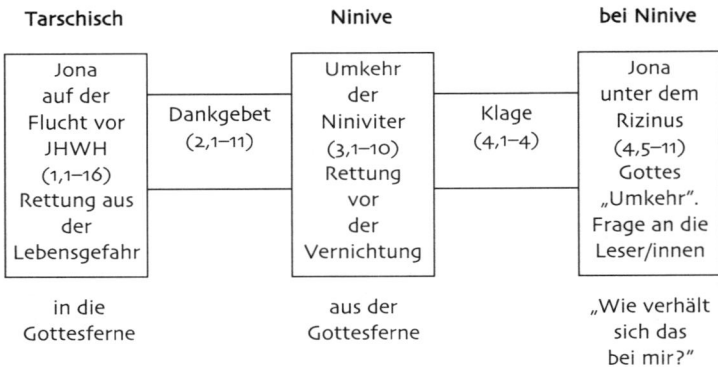

Tarschisch		Ninive		bei Ninive
Jona auf der Flucht vor JHWH (1,1–16) Rettung aus der Lebensgefahr	Dankgebet (2,1–11)	Umkehr der Niniviter (3,1–10) Rettung vor der Vernichtung	Klage (4,1–4)	Jona unter dem Rizinus (4,5–11) Gottes „Umkehr". Frage an die Leser/innen
in die Gottesferne		aus der Gottesferne		„Wie verhält sich das bei mir?"

Tab. 15: Struktur und theologische Leitgedanken des Jonabuches

Zusammenfassung

Da die literarischen Gattungen in der Vergangenheit kaum beachtet wurden, kam es zu Verwechslungen der Lehrerzählungen mit Geschichtswerken. So sind z.B. das Buch Judit und das Buch Jona keine Geschichtsschreibungen, sondern Lehrerzählungen, Schriften, die theologische Aussagen machen: die Überwindung einer scheinbar überlegenen kriegerischen Gewalt, so im Buch Judit, und die über die eigene Nation hinausgehende Liebe Gottes, so im Buch Jona. Auch das 2. Makkabäerbuch ist kein Geschichtswerk, sondern Erbauungsliteratur, welche die Stellung des Jerusalemer Tempels als Ort der Gottesbegegnung herausstellte.

Lesevorschlag: Jona 1.4

Lit.: F. W. *Golka,* Jona, Stuttgart 1991 – R. *Stertenbrink,* Weisheit aus dem Bauch. Jeder erlebt Jonas Geschichte, Freiburg 1992 – *Bibel heute* 1/1991 (Thema: Jona als Typ unsterblich) – U. *Simon,* Jona. Ein jüdischer Kommentar, SBS 157, Stuttgart 1994 – R. *Lux,* Jona. Prophet zwischen „Verweigerung" und „Gehorsam". Eine erzählanalytische Studie, FRLANT 162, Göttingen 1994 – H. *Werner,* Jona. Der Mann aus dem Ghetto, Göttingen 1966 – U. *Steffen,* Die Jona-Geschichte. Ihre Auslegung und Darstellung im Judentum, Christentum und Islam, Neukirchen-Vluyn 1994

7.4 Novellen

Die Josefsgeschichte

In Gen 36f.39 – 50 begegnet uns im Unterschied zu den Erzelternerzählungen, die Sagen und Sagenkränze aufgreifen, eine längere durchkomponierte Erzählung weisheitlicher Prägung. Kunstvoll wird eine Familien- mit einer Staatsgeschichte verbunden. Im Mittelpunkt steht die Gestalt eines Helden, Josef, dessen Aufstieg nach dem Märchenmotiv vom Aufstieg des Jüngsten zu Macht und Reichtum am Königshof gestaltet wird. Die Josefsnovelle spiegelt stammesgeschichtliche Verhältnisse nicht direkt wider. Angesprochen wird zwar die Überflügelung des Stammes Manasse durch Efraim. Aber die ägyptischen Verhältnisse entsprechen nicht der erzählten Zeit, sondern sind allgemein gehalten; zum Teil verarbeitet die Novelle sogar literarische ägyptische Stoffe wie etwa die Potifar-Episode (Gen 39). Es entspricht weisheitlicher Tradition nicht direkt von Gott zu sprechen. Ohne dass Gott direkt eingreift, erscheint Josef als von Gott Gesegneter. *Der eigentlich Handelnde ist Gott.* Gegen alle menschlichen Hindernisse setzt er seinen Plan, den er mit den Menschen hat – hier mit Josef –, in die Wirklichkeit um. Die Grundlage der erfolgreichen Lebensführung ist letztlich die „Gottesfurcht", d. h. der Gehorsam den Geboten Gottes gegenüber.

Lesevorschlag: Gen 37.39 - 41; 43 - 45
Lit.: *H. Koch*, Die Josefsgeschichte – lernzielorientiert. Projekte und Modelle zum Dialog mit der jungen Generation 4, Stuttgart 1973 – *Bibel heute* 1/1998 (Thema: Josef in Ägypten) – *W. Dietrich*, Die Josephserzählung als Novelle und Geschichtsschreibung. Zugleich ein Beitrag zur Pentateuchfrage, Neukirchen-Vluyn 1989 – *H. Werner*, Joseph, Staatsmann und Seelsorger, Göttingen 1967 – *R. und O. Wullschleger*, Mit Joseph nach Ägypten. 24 Unterrichtsentwürfe für die Grundschule, Zürich 1994 – *H. Brosseder* (Hrsg.), Josef, Gestalten des Alten Testaments in Erwachsenenbildung, Predigt und Unterricht, München 1996 – *C. Westermann*, Die Joseph-Erzählung. Elf Bibelarbeiten zu Gen 37 - 50, Stuttgart 1990

Das Buch Rut

Wie die Josefserzählung ist auch das Buch Rut eine „weisheitliche Novelle". Hier wie dort folgt der Fluss der Erzählung der typischen Novellenstruktur: Tiefpunkt – Wendepunkt – Höhepunkt. Dabei erscheint der Wendepunkt auf den ersten Blick rein zufällig. Im Unterschied zur Josefsnovelle, der ein gewisser patriarchalischer Zug nicht abzusprechen ist (z.B. das Motiv der Gefahr durch die fremde Frau), erzählt das Buch Rut aus einer kämpferischen Frauenperspektive heraus. Zum ersten Mal thematisiert ein biblisches Buch die soziale Wirklichkeit von Frauen. Dieser Gesichtspunkt leuchtet umso stärker ein, wenn bedacht wird, dass die ursprüngliche Geschichte nicht als Familiengeschichte der Ahnen Davids entstanden ist. Die Genealogie und der Davidbezug am Schluss der Erzählung wurden erst sekundär angefügt. Im Mittelpunkt stehen die beiden Frauengestalten: Rut und Noomi.
Das Buch Rut ist ein Meisterwerk der hebräischen Erzählkunst und ein Beispiel für eine „narrative Theologie". Die Namen sind symbolische oder „sprechende Namen": *Elimelech* = „mein Gott ist König"; *Noomi* = „Liebliche" bzw. „liebevoll ist JHWH"; *Rut* = „die Nächste", „Freundin", „Gefährtin"; *Orpa:* = „die Sich-Abwendende", „Nacken" (?); *Machlon* = „Kränkling"; *Kiljon* = „Schwächling"; *Boas* = „in ihm ist Kraft", *Bet-lehem* „ Haus des Brotes". Jeder der vier Abschnitte, in die die Erzählung aufgeteilt ist, hat ein Leitwort: Kap. 1: *„zurückkeh-*

ren"; Kap. 2: „*(Ähren) sammeln*", „*auflesen*"; Kap. 3: „*sich hinle-gen/liegen*"; Kap. 4: „*lösen*".

Auf der Ebene des Ortes ist eine Bewegung zum Zentrum 'Betle-hem) hin festzustellen; die Handlungen spielen zunächst auf dem Weg von Moab nach Betlehem, dann auf den Feldern um Betlehem; es folgt dann die Handlung auf der Tenne am Rande Betlehems und schließlich am Stadttor (dem öffentlichen Zentrum von Betlehem). Auch auf der Ebene der Zeit ist eine zunehmende Fokussierung fest-zustellen: Von zehn Jahren in Moab und den wenigen Wochen der Erntezeit über den entscheidenden Erntetag mit seinen Zeitab-schnitten (Morgen, Mittag, Abend) und die entscheidende Nacht mit ihren Zeitabschnitten (Abend, Mitternacht, Morgengrauen) bis zum Höhepunkt der Rechtsversammlung am Tor in der Frühe des Tages. Das Buch Rut erzählt eine Alltagsgeschichte der kleinen Leute, deren Existenz sich zwischen Tod und Leben abspielt. Vor allem will es eine *Hoffnungsgeschichte* sein, die zeigt, *dass und wie Jahwe sich als der aus Tod rettende König erweist*. Der Name Elimelech steht programmatisch dafür am Anfang. Wie Gott sich als solcher erweist, wird in Einsatz und Treue einer fremden Frau gezeigt. Rut, die Frem-de, erweist sich als „die Nächste" (Freundin).

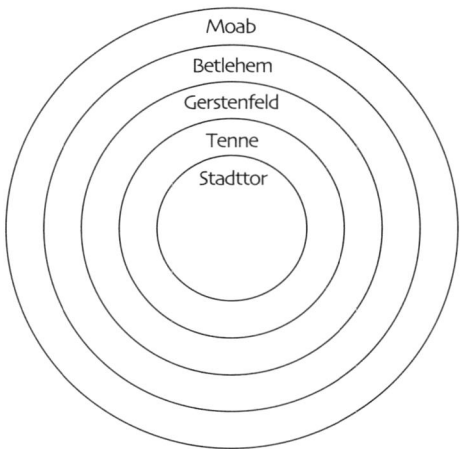

Abb. 2: Konzentration der Handlungsorte im Buch Rut

Zusammenfassung

In den vorgestellten Novellen, der Josefsgeschichte und dem Buch Rut, erscheint Gott im Leben des Menschen (und des Volkes) als der eigentlich Handelnde. Die Novellenstruktur „Tiefpunkt/Wendepunkt/Höhepunkt" wird meisterlich gehandhabt. JHWH, der Gott Israels, wendet das Geschick der Menschen (und des Volkes) zum Besseren. Er erweist sich als der Rettende. Es sind Hoffnungsgeschichten.

Lesevorschlag: Rut 1 – 4

Lit.:   *Ch. Frevel,* Das Buch Rut, NSK-AT 6, Stuttgart 1992 – *E. Zenger,* Das Buch Ruth, Zürcher Bibelkommentare 8, Zürich 1986 – *Renate Jost,* Freundin in der Fremde. Rut und Noomi, Stuttgart 1992 – *C. Mesters,* Der Fall Rut. Brot, Familie, Land: Biblische Gespräche aus Brasilien, Erlangen 1988 – *Bibel und Kirche* 3/1999 (Thema: Das Buch Rut) – *Y. Zakovitch,* Das Buch Rut. Ein jüdischer Kommentar, SBS 177, Stuttgart 1999 – *B. Hartberger,* Das biblische Ruth-Motiv in deutschen lyrischen Gedichten des 20. Jahrhunderts, MthA 17, Altenberge 1992

8 Vergleichende Religions- und Kulturgeschichte

8.1 Die Wiederentdeckung des Alten Orients

Jahrtausende lag der Alte Orient unter Bergen von Schutt vergraben. Die spärlichen Nachrichten, die dem Abendland von seinen großen Zeiten Kunde gaben, kamen, wenn sie nicht aus der Bibel stammten, dem einzigen erhaltenen Buch jener Alten Welt selbst, aus zweiter oder dritter Hand. Vor allem griechische Gelehrte wie Herodot (490–425 v. Chr.) und Ktesias von Knidos (5./4. Jh. v. Chr.) sammelten ihre Informationen auf ausgedehnten Reisen. Originaldokumente etwa wie die aus Mari, Ugarit, Ebla oder Ninive konnten nicht in ihre Hände gelangen. So stand das Erste Testament im wahrsten Sinne des Wortes mit seinem Reichtum an Überlieferungen *unvergleichlich* da.

Diese Unvergleichlichkeit nahm in dem Maße ab, in dem seit dem letzten Jahrhundert der Alte Orient vor den staunenden Augen europäischer Forscher und Gelehrter wiedererstand. Nicht nur Ruinen von gewaltigen Ausmaßen oder Skulpturen, die von großer Kunstfertigkeit zeugen und oft von überraschender Schönheit sind, wurden unter dem Schutt der Jahrtausende wiederentdeckt. Der Spaten der Ausgräber fand auch große Bibliotheken, Inschriften, die ganze Wände bedeckten, Staatsarchive und zahllose einzelne Dokumente. In einer großartigen gemeinsamen Leistung europäischer Wissenschaft wurden fremde Schriften entziffert, unbekannte Sprachen erforscht, bis die Alte Welt wieder begann, mit tausend Stimmen von sich selbst zu erzählen.

War vorher das Erste Testament das einzige Buch gewesen, das in jene dunklen Zeiten vor der Zerstörung Trojas Licht warf, so merkte man jetzt, dass es nur ein Spätwerk des Alten Orients war. Hielt man früher die Israeliten für eines der ältesten Völker der Welt, so stellte man nun fest, dass sie erst in die Geschichte traten, als andere Völker schon mehrtausendjährige Kulturen geschaffen hatten. Das kleine Völkchen der Bibel verschwand neben Sumerern, Ägyptern, Babyloniern, Hethitern. Seine kulturelle Leistung erwies sich neben den glänzenden Kulturen Ägyptens und des Zweistromlandes als provinziell. Selbst im Vergleich mit dem kleinen, aber rührigen Händlervolk der benachbarten und nahe verwandten Phönizier machte die Zivilisation Israels einen eher kümmerlichen Eindruck. Nur in einem einzigen Punkt schien jenes Volk seine Nachbarn zu übertreffen: in seiner Religion, d. h. in seinem entschiedenen Glauben an JHWH, den einen Gott, den Herrn der Welt und der Geschichte. Aber auch dieser Glaube musste eine Entwicklung mit Höhen und Tiefen durchmachen, bis er schließlich in der nachexilischen Zeit überhell zum Leuchten kam. Die Glaubenswelt Israels zeigt dabei viele Abhängigkeiten von ihrer Umwelt.

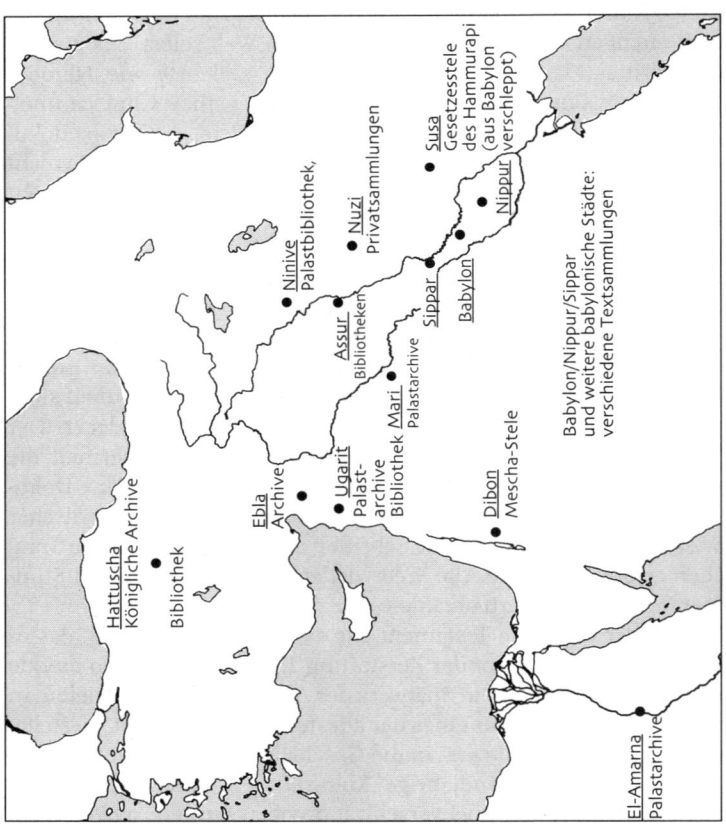

Abb. 3: Wichtige Fundorte von altorientalischen Texten, die für das Verständnis des Ersten Testaments hilfreich sind (Umrisskarte Vorderer Orient aus: Arbeitsfolien Religion Teil 1, Geschichte Israels, Zeit Jesu, Frühe Kirche, © 1991 by Calwer Verlag Stuttgart und Kösel-Verlag München)

8.2 Die Abhängigkeit des Ersten Testaments von seiner Umwelt

Dem unbefangenen Forscherblick konnten die Ähnlichkeiten nicht verborgen bleiben. Geschichten, die zunächst nur aus der Bibel bekannt waren – wie die von der Sintflut –, tauchten auch bei anderen Völkern früherer Kulturen auf. Das kann keinen verwundern. Israels Stämme haben sich im Kulturland Kanaan gebildet. Ihre Sprache und Kultur sind kanaanäisch; das zeigen Erzählungen, Festzeiten, Heiligtümer und die dazugehörigen Riten. Mit ihnen verbanden sie nun ihre eigenen Gotteserfahrungen.

Viele Gesetze, die nach biblischer Darstellung Gott aus dem Wolkendunkel des Sinai dem Mose offenbart hat, finden wir schon in Gesetzessammlungen, die ein halbes Jahrtausend älter sind als die Zeit des Mose (z.B. im *Codex Hammurapi;* er wurde im 18 Jahrhundert v. Chr. auf Steinpfeilern – *Stelen* – eingemeißelt, von denen einer heute im Louvre in Paris steht). Spätere alttestamentliche Schriftsteller spielen gern auf altorientalische Mythen an: auf den Kampf Marduks, des Gottes von Babel, mit dem Drachen oder auf die Höllenfahrt Ischtars, der Göttin der Liebe und des Lebens. Bis in einzelne Worte kann die Ähnlichkeit gehen. In einer phönizischen Quelle hat man einen fast vollständigen Vers aus einem biblischen Schöpfungsgedicht gefunden (Spr 8,22).

Am stärksten war die Weisheitsliteratur für eine Entlehnung aus ihrer Umwelt offen. Ganze Kapitel hat sie übernommen und sich durchaus nicht gescheut, das zuzugeben (vgl. Spr 30,1; 31,1). So groß war bei den jüdischen Weisen der Ruf ihrer arabischen Kollegen, dass sie sogar ihre eigenen Werke Arabern in den Mund legten (das Buch *Ijob;* das Land *Uz,* die Heimat des Ijob liegt in Nordwestarabien).

Für traditionelle Ohren war dies nicht weiter anstößig: Die Weisheitslehre des Alten Orients war international und interreligiös. Nun aber erfuhr man, dass selbst die Propheten außerhalb Israels nahe Verwandte hatten, die ähnlich auftraten und sprachen, und dass schließlich auch gottesdienstliche Lieder, die Psalmen, im Aufbau wie im Inhalt ihre Parallelen in „heidnischen" Liedern haben.

So kann man verstehen, dass manche die Religion Israels nur als Spielart altorientalischer Religion ansahen; denn da die heidnischen Schriftsteller nicht bei den biblischen abgeschrieben haben konnten sie waren ja um Jahrhunderte älter –, konnte nur die Bibel aus dem „Heidentum" abgeschrieben sein. Bei den Bibelgläubigen wiederum geriet die vergleichende Religionsgeschichte in Verruf und konnte aus ideologischen Gründen keine Hilfe zum besseren Verständnis der Texte bringen. Der unsinnige Bibel-Babel-Streit am Anfang des 20. Jahrhunderts ist dafür ein abschreckendes Beispiel. Aber mit der Zeit konnte sich eine Forschung ohne ideologische Scheuklappen durchsetzen. Man ist vorsichtiger geworden und behauptet nicht bei *jeder* Ähnlichkeit eine Abhängigkeit. Dennoch ist das Vergleichsmaterial aus dem Alten Orient erdrückend; man muss die Abhängigkeit Israels in vielen seiner Vorstellungen von älteren Völkern zugeben. Nur Befangenheit kann davon abhalten, den Hintergrund der biblischen Geschichte und der biblischen Religion genau zu studieren.

Dabei wird man nicht nur den Alten Orient, den geschichtlichen Nachbarn des alten Israel, berücksichtigen dürfen. Vergleiche mit Völkern, die heute noch auf der gleichen kulturellen oder sozialen Entwicklungsstufe stehen, sind ebenso aufschlussreich. Das gilt vor allem für das früheste Stadium der ersttestamentlichen Geschichte. Die Entstehung ihres Volkes bringen die Israeliten mit dem Phänomen der halbnomadischen Lebensweise, dem Wechsel zwischen den Weidegebieten in der Steppenregion und den das Kulturland umgebenden Ackerbaugebieten, in Verbindung. Allerdings war nur ein Teil der „Frühisraeliten" Halbnomaden. Nach dem Stand der heutigen Forschung bildeten kanaanäische u.a. Bevölkerungsgruppen den größeren Teil der Frühisraeliten.

Lesevorschlag: 1 Kön 6 – 7; Ps 104; Spr 22,17 – 23,11

Lit.:   *A. Ohler,* Israel, Volk und Land. Zur Geschichte der wechselseitigen Beziehungen zwischen Israel und seinem Land in alttestamentlicher Zeit, Stuttgart 1979 – *E. Sitarz,* Kulturen am Rande der Bibel. Sachbuch über Völker und Götter im Geschichtsfeld Israels, Stuttgart 1983 – *E. A. Knauf,* Die Umwelt des Alten Testaments, NSK-AT 29, Stuttgart 1994 – *H. J. Nissen,* Grundzüge einer Geschichte der Frühzeit des Vorderen Orients, 2. Aufl. Darmstadt 1990 – *D. Kinet,* Ugarit, Geschichte und Kultur einer Stadt in der Umwelt des Alten Testaments, SBS 104, Stuttgart 1981 – *O. Loretz,* Ugarit und die Bibel. Kanaanäische Götter und Religion im Alten Testament, Darmstadt 1990 – *W. Thiel,* Die soziale Entwicklung Israels in der vorstaatlichen Zeit. 2., durchges. u. erg. Aufl. Neukirchen-Vluyn 1985 – *H.-P. Müller* (Hrsg.), Babylonien und Israel. Historische, religiöse und sprachliche Beziehungen, WdF 633, Darmstadt 1991

8.3 Der Vergleich mit der Umwelt

In zweierlei Hinsicht kann die vergleichende Religions- und Kultur-geschichte das Verständnis biblischer Texte erleichtern.

Erstens führen sie Vorstellungen der Alten Welt vor Augen, welche die biblischen Schriftsteller teilten oder mit denen sie sich doch auseinander setzten. Alles, was uns aus dem Ersten Testament bekannt ist – und das ist nicht wenig –, ist nur ein kleiner Teil der unermesslichen und zum größten Teil noch verborgenen Schätze des Alten Orients. Jede Möglichkeit, aus dem dunklen Schoß der Vergangenheit Unbekanntes ans Licht zu heben, hilft, das Bekannte in seinen Zusammenhängen besser zu erfassen. Das zeigt sich am augenfälligsten dort, wo ein biblischer Autor auf etwas nur anspielt, was wohl seinen Hörern bekannt war, nicht aber dem heutigen Leser, oder wo er mit einem anderen diskutiert, ohne ihn recht vorzustellen.

Große Teile des Ersten Testaments, besonders der prophetischen Literatur, beschäftigen sich mit der Religion der Kanaanäer, kämpfen gegen sie, verdammen sie, und manchmal entlehnen sie ihr auch eine Vorstellung oder einen Brauch. Man kann aber niemanden gerecht beurteilen, wenn man nur seinen erbitterten Feind über ihn gehört hat. Denn der Feind ist befangen und wird sein Bild vom Gegner deswegen notwendig verzerren. Im Neuen Testament ist es den Pharisäern auch nicht anders ergangen. Es lässt sich nachweisen, dass manche biblischen Ausfälle gegen das umgebende Heidentum auf Missverständnissen und bestimmten Interessen beruhen. Obschon die Israeliten mitten unter den anderen Völkern wohnten und ihre Zeitgenossen waren, verstanden die Israeliten sie oft schlechter, als wir sie heute trotz des großen Zeitabstandes verstehen können. Das lag daran, dass sie ihnen nicht unbefangen gegenübertraten, sondern Kampfstellung bezogen. Manche Angriffe biblischer Schriftsteller gegen die Verehrung der Götterbilder klingen geradezu platt rationalistisch (vgl. etwa Jes 44,12–19; Jer 10,1–5; Bar 6); sie werden dadurch dem Glauben der Völker nicht gerecht, der die machtvolle, sozusagen sakramentale Gegenwart der unfassbaren himmlischen Götter geheimnisvoll in ihren Bildern spürte.

Es geht nicht nur darum, den alten Religionen verspätete Gerechtigkeit angedeihen zu lassen. Wir lernen dadurch vor allem die Denkweise der biblischen Schriftsteller besser kennen. Denn auch Missverständnisse sind kennzeichnend; sie zeigen, wie der denkt, der ihnen verfällt. Der unangemessene Spott über die heidnischen Götterbilder lässt außerdem erkennen, in welchem Maß die Religion des Ersten Testaments rationales Denken in sich aufgenommen hatte, mit anderen Worten: wie modern sie seit ihren ältesten Zeiten war. Darin liegt zweifellos eine Stärke ersttestamentlichen Glaubens. Die gelegentliche Unduldsamkeit, die uns auch begegnet (z.B. 1 Kön 18: Elija und die Baalspropheten; 1 Kön 10,18–29: Jehu und die Baalspriester; 2 Kön 18,1–7: die Hiskijanische Kultreform; 2 Kön 22: die Joschijanische Kultreform) ist als Reaktion auf Entfremdung sowie auf die Gewinnung und Stärkung der israelitischen religiös-politischen Identität zu begreifen. Diese für uns heute problematischen Stellen können keine Argumente für eine fundamentalistische Einstellung liefern. Es ist daran zu erinnern, dass auch der Weg der Kirche und des Evangeliums in dieser Welt durch viele Phasen der Inkulturation ging. Da wurden viele Elemente aus anderen Religionen übernommen. Nicht umsonst ruft das Zweite Vatikanische Konzil zum gemeinsamen Dialog der Religionen auf.

Zweitens zeigt die vergleichende Religionsgeschichte, wo der biblische Mensch anders dachte als seine Umwelt. Wer nur die Bibel kennt, wird alles, was dort steht, für typisch biblisch halten, auch wenn es allgemein altorientalisches Gedankengut ist. Erst der genaue Vergleich mit der Umwelt zeigt, worin biblisches Denken sich wirklich unterscheidet, was also im eigentlichen Sinn „biblisch" genannt werden darf.

So ist beispielsweise die biblische Frömmigkeit ganz durchdrungen vom Gefühl göttlicher Macht und menschlicher Ohnmacht. Unbedingte Unterwerfung unter den heiligen Willen Gottes ist des religiösen Menschen einzige Möglichkeit. Darin erblickt man mit Recht einen tief greifenden Unterschied zum modernen Empfinden.

Die vergleichende Religionsgeschichte indessen zeigt, dass gerade dieser Zug typisch für die Religiosität des ganzen Alten Orients ist und schon bei seinem ersten Kulturvolk, das uns schriftliche Kunde hinterlassen hat, bei den Sumerern, das Wesen aller Frömmigkeit ausmachte. Im Gegensatz dazu ist uns in der Bibel gar nicht selten das *Streiten mit Gott* bezeugt. Der Mensch pocht auf das Recht, selbst Gott gegenüber: Selbst vor Gott ist er nicht bereit, fünf gerade sein zu lassen. Das gewaltigste Beispiel dieser Gesinnung bietet die Gestalt des Ijob, dessen von Gott am Ende gutgeheißenen Reden (Ijob 42,7) selbst unsere – vieles gewohnte – Ohren noch schockieren können (vgl. etwa Ijob 7, 15–21; 9,17–24; 16,11–21). In keine Religion des Alten Orients hat dieses *Sich-Auseinandersetzen mit Gott* solchen Einlass gefunden wie in die Religion des Ersten Testaments.

Nun ergibt sich daraus nicht unbedingt, dass stille Ergebenheit unter Gottes Willen heidnisch, also verwerflich ist. Auch heidnische Gläubigkeit beruht auf Gottes Offenbarung. Wohl aber wäre es bedenklich, wenn man die echt biblische Tradition zugunsten dieser allgemeineren Haltung in Acht und Bann tun wollte.

Gerade die Texte, die außerbiblischen Erzählungen so ähnlich sind, dass man annehmen muss, sie seien von dort entlehnt worden, zeigen schnell ihre Eigenart gegenüber ihren Vorbildern. Man wird durch den Vergleich auf die Unterschiede geradezu gestoßen.

So haben sowohl der Verfasser des Jerusalemer Geschichtswerks als auch die Priesterschrift ihren Bericht von der Sintflut einer sehr alten babylonischen Tradition entnommen, der sie bis in Einzelheiten folgen. Dennoch zeigen die wenigen Änderungen, die sie vorgenommen haben, dass sie dem alten Mythos eine ganz neue Aussage unterlegten. Ihre Darstellung der Sintflutgeschichte widerspricht der älteren gerade in den entscheidenden Punkten. Die Katastrophe geht auf den Menschen zurück, nicht auf die Laune eines Gottes; die alleinige Verantwortlichkeit des Menschen wird betont. Außerdem blickt die Geschichte auf den guten Ausgang: Die Katastrophe wird durch Gottes Zusage *nicht* eintreten. Der alte Mythos aber verstärkt die Angst vor ihr und lebt geradezu daraus.

Auch im Psalter findet sich ein sehr schönes Schöpfungslied (Ps 104), das offensichtlich einer ägyptischen Vorlage nachgedichtet ist. Nun stammt die ägyptische Vorlage vom berühmten König Echnaton (Amenophis IV., 1379–1362 v. Chr.). Echnaton war ein Mystiker auf dem Pharaonenthron und begeisterter Prophet des einen Gottes. Er gehört zu den großen religiösen Genies der Weltgeschichte. Der biblische Schriftsteller, dessen Name unbekannt blieb, hat also sein Vorbild sehr gut ausgesucht. Dennoch blieb er nicht hinter ihm zurück, wie es so häufig ist, wenn ein Späterer ein Kunstwerk nachahmt, sondern übertraf es noch in wesentlichen Punkten; diesmal nicht, indem er die Aussagen des Ägypters ins Gegenteil verkehrte, sondern indem er sie folgerichtig weiterführte – und er war doch nur irgendein unbekannter Mann aus einem kleinen Volk!

Echnatons Sonnenhymnus	Psalm 104
Du bist schön und groß, licht und hoch über jedem Lande, deine Strahlen umarmen die Lande bis hin zu alledem, was du geschaffen hast ...	JHWH, mein Gott, du bist sehr groß. Mit Pracht und Glanz bist du bekleidet, du umgibst dich mit Licht wie mit einem Mantel ...
Gehst du unter im westlichen Horizont, so liegt die Erde im Dunkel wie im Tode ... Alle Löwen sind aus ihren Höhlen gekommen, alles Gewürm beißt ...	Der den Mond gemacht hat als Maß für die Zeiten, die Sonne, die ihren Untergang kennt. Du befiehlst Finsternis und es wird Nacht, in ihr wimmeln alle Tiere des Waldes, die Junglöwen brüllen nach Beute ...
Hell wird die Erde: Du bist im Horizont aufgegangen ... Die Sonnenmenschen sind erwacht und haben sich auf die Füße gestellt ... Alles Vieh freut sich über sein Futter, Bäume und Kräuter grünen. Die Vögel flattern in ihren Nestern ... Die Schiffe fahren stromab und auch stromauf ... Die Fische im Strom springen vor deinem Angesicht, denn deine Strahlen dringen in die Tiefe des Meeres ...	Du lässt aufstrahlen die Sonne, da ziehen sie ab ... Da tritt der Mensch heraus zu seinem Tun, zu seiner Arbeit bis zum Abend. ... der Gras sprossen lässt für das Vieh ... Es trinken sich satt die Bäume JHWHs...wo Vögel ihre Nester bauen ... Da ist (noch) das Meer, groß und unermesslich weit, in ihm ein Gewimmel ohne Zahl: kleine Lebewesen zusammen mit großen. Da ziehen Schiffe dahin ... Sendest du deinen Atem, werden sie geschaffen ...
Der Atem gibt, um jedes, das er geschaffen hat, am Leben zu erhalten ... Wie mannigfaltig sind doch deine Werke! ... Du setzt jedermann an seine Stelle und sorgst für seine Bedürfnisse; ein jeder hat sein Essen ..	Wie zahlreich sind deine Werke, JHWH! Sie alle warten (voll Sehnsucht) auf dich, dass du ihnen Speise gibst zur rechten Zeit ... (Du) öffnest deine Hand, so sättigen sie sich mit Gutem.

Tab. 16: Der Sonnenhymnus Echnatons (aus: W. Beyerlin (Hrsg.), Religionsgeschichtliches Textbuch zum Alten Testament, V&R Göttingen 1975, S. 43–45) und Psalm 104 (aus: E. Zenger, Ich will die Morgenröte wecken, Verlag Herder, Freiburg 1991, S. 31–33) im Vergleich

Das gläubige Staunen über die Schöpfung geht im Ps 104 nicht in einer religiösen Spekulation über den Ursprung von Mensch und Welt auf, es geht vielmehr über in das dankbare Bekenntnis zur Zuwendung JHWHs, der Freude hat an seinen Geschöpfen.

So zeigt gerade der Vergleich mit der Umwelt zuletzt die unverkennbare Eigenart der Religion Israels. Selbst wer ihr ungläubig gegenübersteht, wird ihre erstaunliche Selbstständigkeit und Originalität anerkennen müssen. Ein kleines Volk, sonst in keiner Weise den großen Kulturvölkern zu vergleichen, hat in der Ausprägung seiner Religion seine gebildeten und berühmten Nachbarn bei weitem übertroffen. Keine Idee des Alten Orients hat in der Geschichte eine solche Kraft entwickelt.

Der Gläubige wird in dieser ausgeprägten Eigenart und der unübersehbaren Wirkung der ersttestamentlichen Religion ein Zeichen der besonderen Offenbarung Gottes in der menschlichen Geschichte sehen.

Zusammenfassung

Die Schriften des Ersten Testaments sind Teil des kulturellen Erbes des Alten Orients. Die Entdeckung der schriftlichen Zeugnisse aus diesem Kulturkreis ist für das bessere Verstehen der Texte des Ersten Testaments hilfreich. Nicht nur Begriffe oder Motive können verglichen werden, sondern wir haben nun ganze literarische Vorlagen, z.B. für die Sintfluterzählung oder für Ps 104. Dadurch können einseitig historisierende Deutungen vermieden werden.

Lesevorschlag: Gen 6 – 9; 1 Kön 18; Jer 44,15–19; Hos 4,11–19

Lit.: *R. Albertz,* Religionsgeschichte Israels in alttestamentlicher Zeit. Teil 1 und 2, Göttingen 1992 – *H. Niehr,* Der höchste Gott. Alttestamentlicher JHWH-Glaube im Kontext syrisch-kanaanäischer Religion des 1. Jahrtausends v. Chr., BZAW 190, Berlin 1990 – *ders.,* Religionen in Israels Umwelt. Einführung in die nordwestsemitischen Religionen Syrien-Palästinas, Die neue Echter Bibel, Ergänzungsband AT 5, Würzburg 1998 – *H. Ringgren,* Die Religionen des Alten Orients, Göttingen 1979 – *M. Hutter,* Religionen in der Umwelt des Alten Testaments I: Babylonier, Syrer, Perser, Stuttgart 1996 – *O. Keel/Ch. Uehlinger,* Göttinnen, Götter und Gottessymbole. Neue unerschlossene ikonographische Quellen, QD 134, Freiburg 1992 – *B. Janowski/M. Köckert,* Religionsgeschichte Israels. Formale und materiale Aspekte, Gütersloh 1999 – *W. Beyerlin* (Hrsg.), Religionsgeschichtliches Textbuch zum Alten Testament, Göttingen 1975

9 Geschichtswissenschaft und Archäologie

9.1 Geschichtswissenschaft

Ihre Arbeitsweise

Aufgabe der Geschichtswissenschaft ist es, alle Zeugnisse der Vergangenheit zu *sammeln*, kritisch miteinander zu *vergleichen* und zu *prüfen*. Für seine Aufgabe ist der heutige Geschichtsforscher, der *Historiker*, besser gerüstet, als seine Kollegen in der Vergangenheit es waren – die biblischen Geschichtsschreiber nicht ausgenommen. Zwar hatten die Alten manchen unmittelbaren Einblick in ihre Zeit, der uns inzwischen längst versperrt ist. Dennoch hat die Erforschung der altorientalischen Welt dazu geführt, dass wir heute viele geschichtliche Abschnitte des Volkes Israel besser überblicken und die politischen Hintergründe besser durchschauen können als die Zeitgenossen. Uns sind politische Archive aus den Zentren der damaligen Weltpolitik zugänglich, von denen die biblischen Schriftsteller nichts wussten; wo wir Kenntnis aus erster Hand besitzen, waren sie auf Nachrichten vom Hörensagen angewiesen, das nicht immer nur informativ sein will.

Je mehr Zeugen eines Geschehens man aber hat, desto eher ist es möglich, ein umfassendes Bild zu gewinnen. Man kann die Aussagen des einen durch die eines anderen kontrollieren, das Sichere vom Wahrscheinlichen oder Unwahrscheinlichen trennen – Möglichkeiten, welche die alten Geschichtsschreiber entweder gar nicht hatten oder mit denen sie anders umgingen. Wenn ein biblischer Schriftsteller verschiedene Zeugnisse über dasselbe Geschehen vorfand, setzte er sie einfach nebeneinander (so sind die vielen *Dubletten* entstanden) oder er wählte dasjenige aus, das besser zu seinem Programm passte; es war ja gerade nicht seine Absicht, ein Geschichtswerk im modernen Sinn zu schreiben.

Schließlich kann man heute den gleichen Quellen, die den alttestamentlichen Schriftstellern vorlagen und die sie uns überlieferten, mehr entnehmen, als sie es vermocht hatten. Der Historiker ist imstande, Andeutungen nachzuspüren, Hintergründe aufzudecken, Tendenzen bloßzulegen, die den damaligen Lesern verborgen geblieben sind. So sehr haben sich auch in der Geschichtswissenschaft die Methoden verfeinert. Wer also eine wissenschaftliche Darstellung der Geschichte Israels aus unseren Tagen in die Hand nimmt, wird mit ihrer Hilfe besser die tatsächliche Geschichte des alten Israels kennen lernen als jemand, der nur die biblische Darstellung gelesen hat.

Geschichte und Glaubenszeugnis

Beides gehört nach biblischem Verständnis zusammen. Nicht eine abstrakte Lehre ohne jeden Lebensbezug wird verkündet. Es geht um das konkrete Leben von Menschen, die mit anderen Menschen zu tun haben. Daher kann auch das Glaubenszeugnis der Bibel wenigstens teilweise auf der Grundlage moderner Wissenschaft überprüft werden. Berichte über geschichtliche Ereignisse können bestätigt, verbessert oder widerlegt werden. Das erklärt die umfangreiche Literatur über das Verhältnis zwischen Bibel und Geschichte und die Brisanz biblisch-historischer Untersuchungen. Wer z.B. nachweisen könnte, dass Jesus nie gelebt hat, hätte das Christentum im Kern getroffen.

Nun hat die moderne Geschichtswissenschaft tatsächlich die geschichtlichen Angaben der Bibel weithin bestätigt. Die Bibel hat sich so für bestimmte Fragestellungen als Geschichtsquelle allererster Wichtigkeit erwiesen. Aber daraus den Schluss zu ziehen, die Bibel habe doch immer Recht, und jede kritische Überprüfung abzulehnen, wäre grundfalsch. Denn nachweislich hat auch die Bibel in der Darstellung vieler historischer Einzelheiten *nicht* Recht. Ganze Abschnitte der Geschichte Israels lesen sich in einer modernen Darstellung ganz anders als in der Bibel; Einzelheiten der biblischen Darstellung der Landnahme wird man darin wenig wiederfinden. Dies alles weist uns darauf hin, dass das Verhältnis zwischen Geschichte und biblischer Botschaft doch etwas verwickelter ist.

Zunächst teilt die Bibel sehr viel *mehr* historisches Wissen mit als notwendig ist, um ihre Botschaft zu begründen oder zu verstehen. So sicher geschichtliche Ereignisse in die biblische Botschaft gehören, so wenig sind damit *alle* genauen Aufzählungen vieler Einzelheiten, wie sie das Erste Testament seitenweise liefert, in den Rang von Glaubenswahrheiten erhoben. Es ist ein Unterschied, ob David Jerusalem zu seiner Hauptstadt gemacht hat und ob aus Ägypten fliehende Hebräer am Schilfmeer gerettet wurden, oder aber ob

Jonatan und Ahimaaz, Davids Kundschafter, sich in einer Zisterne bei Bahurim versteckten. Alle drei Ereignisse sind „historisch", aber dennoch für den Glauben von sehr verschiedener Bedeutung. Die *Heilsereignisse*, das heißt die für den Glauben wichtigen Ereignisse, nehmen unter den vielen in der Bibel erzählten Ereignissen nur einen kleinen Raum ein.

Noch wichtiger ist eine zweite Einschränkung. Selbst bei den Ereignissen, mit deren Geschichtlichkeit die Glaubwürdigkeit der biblischen Botschaft steht und fällt, ist das historisch Greifbare nur *eine* Seite. Genauso wichtig ist, ob das Geschehen von der Bibel angemessen *gedeutet* wurde. Nicht nur was damals am Schilfmeer geschah, will die Bibel uns weitersagen, sondern dass es ein Zeichen Gottes war; nicht nur wie Jerusalem Königsstadt wurde, sondern dass Gott diese Stadt erwählt hat. Damit wird die geschichtliche Wirklichkeit nicht heruntergespielt, aber mit ihrer bloßen Feststellung ist es noch nicht getan.

Daraus ergibt sich: Ebenso wichtig wie die Geschichte der *Ereignisse* ist die Geschichte des *Glaubens* Israels, die Geschichte seiner Vorstellungen von Gott, der Welt und den Menschen. *Die Bibel als Buch gibt nicht Ereignisse wieder, sondern Erfahrungen, die Menschen im Glauben mit diesen Ereignissen gemacht haben.* Der Glaubensanspruch der Bibel steht und fällt damit, ob wir ihre *Deutungen* annehmen oder ablehnen. Wenig wäre mit dem Nachweis getan, dass in tausend Einzelheiten die Bibel bei der Darstellung historischer Fakten doch Recht hat, wenn wir über dieser Untersuchung ihr Glaubenszeugnis überhören oder als belanglos abtun. Man kann die Bibel auch als Geschichtsbuch gebrauchen, als nationales Denkmal einer großen Vergangenheit; aber damit hätte man ihre eigentliche Botschaft verfehlt.

Zusammenfassung

Die Bibel gibt nicht bloße Tatsachen oder Ereignisse wieder, sondern handelt von Erfahrungen, die Menschen im Glauben mit diesen Tatsachen oder Ereignissen gemacht haben.

9.2 Archäologie

Die Archäologie beschäftigt sich mit den *stummen* Zeugen der Vergangenheit; dabei kann sie auch Entdeckungen im Bereich „sprechender" Zeugen machen: sie stößt mitunter auf Schriften und ganze Bibliotheken.

Ihre Arbeitsweise

Die Erfolge der Archäologie in Palästina beruhen weithin auf der mangelhaften Müllabfuhr der Alten Welt. Wo Menschen wohnten, warfen sie Abfälle weg und diese blieben liegen. Vieles davon war unverweslich und überdauerte die Jahrhunderte. Wenn Häuser zerfielen oder zerstört wurden, schaffte man selten die Trümmer vollständig fort, sondern baute einfach über dem Schutt neu. So wuchs im Lauf der Zeit ein kleiner Hügel empor, der es, wenn der Platz besiedelt blieb, auf eine beträchtliche Höhe bringen konnte. Je öfter eine Stadt zerstört wurde, desto höher erhob sie sich, bis sie schließlich oben auf einer oft kreisrunden Erhebung lag. Einen solchen Hügel mit seiner typischen Form nennt die arabisch sprechende Bevölkerung Palästinas von alters her *Tell*.

Grundlegend für die Arbeit eines Archäologen ist, dass die Abfälle der Jahrhunderte in *Schichten* übereinander lagern. Wenn man einen Tell – wie eine Torte – anschneidet, kann das geübte und oft sogar das ungeübte Auge die Schichten deutlich erkennen. Was nacheinander entstand, liegt jetzt aufeinander; aus Jahrhunderten wurden Meter. Will man den Ablauf der Zeit rekonstruieren, muss man nur die Schichten in ihrem Nacheinander möglichst genau bestimmen.

Das wichtigste Hilfsmittel dabei ist die genaue Kenntnis der *Keramik*, der Töpferware. Schon bevor man feste Städte baute, fertigte man Tonwaren an. Tonwaren zerbrachen damals ebenso leicht wie heute; ihre Scherben aber sind beständig. Völlig unversehrt überstehen sie lange Zeiten. Manch ein Topf konnte nach viertausend Jahren aus seinen Scherben wieder zusammengeleimt werden.

Ihre Haltbarkeit allein macht sie jedoch noch nicht so wertvoll. Es kommt hinzu, dass die Töpfer schon in frühesten Zeiten die tönernen Gefäße nicht nur praktisch, sondern auch schön machen wollten. Die Keramik hatte immer etwas Kunsthandwerkliches an sich. Wie bei der Kleidung entstanden auch bei den Tonwaren Moden: zu bestimmten Zeiten liebte man bestimmte Verzierungen oder Farbtönungen. Auch änderten sich mehrfach die Technik des Brennens und die Zusammensetzung des Tons. So ist es gelungen, eine über mehrere Jahrtausende reichende Abfolge von „Moden" und Stilformen in der Keramik festzustellen. Da schon damals Abwechslung erfreute, änderte man den Stil recht häufig. Ein geübter Archäologe kann manchmal anhand einer einzigen, immer aber anhand mehrerer Scherben genau feststellen, aus welcher Zeit sie stammen.

So einfach, wie es hier dargestellt wird, ist es allerdings nicht. Man kann ja zunächst nur die *Reihenfolge* der Schichten festlegen; man weiß also, dass Schicht A älter ist als Schicht B. Aber damit weiß man noch nicht, um wie viel älter – um 100, 200 oder gar 500 Jahre. Man muss irgendwo in einer bestimmten Schicht etwas entdecken, das sich genauer datieren lässt – die Spuren einer Katastrophe, die auch aus der Geschichte bekannt ist, oder einen Gegenstand, z.B. einen Skarabäus (einen in Stein geschnittenen Käfer) mit dem Namen eines ägyptischen Pharaos. Auch kann man heute durch eine genaue Untersuchung ursprünglich organischer Stoffe (z.B. Textilien, Balken, Leder), die mithilfe der so genannten Radiocarbon-Methode, ziemlich genau feststellen, in welcher Zeit der Baum wuchs oder das Schaf lebte, dessen verarbeitete Reste in einer bestimmten Schicht entdeckt wurden.

Ihre Bedeutung

Die Archäologie hat einen wesentlichen Anteil an der Aufhellung der Geschichte Israels. Sie hat wahre Detektivarbeit geleistet, indem sie Trümmer und Scherben wieder zum Reden brachte. Besonders wichtig sind ihre Beiträge zur *Kulturgeschichte* Palästinas. Wir können die Amulette, gegen die die Propheten wetterten, heute wieder in die Hand nehmen oder sie doch wenigstens in Vitrinen oder Abbildungen studieren. Der Alltag der Israeliten zur Königszeit lässt sich zu nicht geringem Teil rekonstruieren. Das Interesse, das die Ergebnisse der Ausgrabungen heutzutage gefunden haben, ist wohlverdient.

Allerdings liegt es im Wesen der Sache, dass die Ergebnisse der Archäologie bezüglich der *politischen* Geschichte selten eindeutig und klar sind. Gewiss kann der Archäologe Brandspuren in einer Stadt zeitlich ziemlich genau bestimmen. Aber mehr, als dass diese Stadt in der ersten oder zweiten Hälfte eines Jahrhunderts durch einen Brand zerstört wurde, ist damit eben nicht erwiesen. Es ist nicht sicher, ob eine der damals wohl zahlreichen Brandkatastrophen oder eine kriegerische Aktion die Ursache war, und wenn eine Eroberung wahrscheinlich ist, lässt sich dennoch nicht sagen, wer der Eroberer war in einer Zeit mit vielen Kriegen. Man hat in der ersten Entdeckerfreude oft zu schnell die Verbindung zu Ereignissen gezogen, die in der Bibel berichtet werden. Bekannt geworden ist ein Telegramm des berühmten englischen Archäologen L. Woolley, der die Stadt Ur im Zweistromland ausgegraben und phantastische Schätze in den Königsgräbern dort gefunden hat: „Habe die Sintflut entdeckt!" Er hatte zwar offensichtliche Spuren einer Überschwemmung zwischen zwei sehr alten Besiedlungsschichten bloßgelegt – aber wie viele Überschwemmungen mag es in diesem typischen Überschwemmungsgebiet gegeben haben! Wie sich bald zeigte, hatte die entdeckte Flut nur eine sehr begrenzte Ausdehnung; schon in nahen Städten fand sich keine Spur mehr von ihr.

Interessanter sind die *negativen* Ergebnisse der Archäologie, also Ergebnisse, die beweisen, dass etwas *nicht* stattgefunden hat. Hier wurde vor allem die Darstellung des Buches *Josua* betroffen. Jerichos Mauern konnten nicht einstürzen, denn sie lagen zu jener Zeit längst in Trümmern; auch Ai brauchte man nicht zu erobern, denn es war schon ein Trümmerfeld gewesen (der Name *ai* oder *hai* bedeutet *Ruine*) und ist erst später wieder besiedelt worden.

Nun kamen diese Ergebnisse keineswegs unerwartet. Eine sorgfältige Exegese der betreffenden biblischen Erzählungen hatte längst erkannt, dass diese zur Gattung der *Ätiologien* gehören und deswegen keine genauen historischen Informationen bringen. Neben ihnen hatte man im selben Buch *Josua* eine andere Gattung entdeckt, die Namenslisten eroberter und zerstörter Städte. Diese waren gewiss keine Ätiologien, und man musste damit rechnen, in ihnen verlässliche historische Notizen zu besitzen. Tatsächlich konnte die Archäologie mehrfach bestätigen, dass diese Städte (z.B. *Lachisch* und *Hazor*) in der betreffenden Zeit zerstört worden sind. So kam von unerwarteter Seite eine glänzende Rechtfertigung der Formkritik.

Wir werden von der Archäologie – wie von der Geschichtsforschung – noch manche interessante Auskunft zur biblischen Geschichte erwarten dürfen. Aber keine wird das Wesen der ersttestamentlichen Botschaft betreffen. Selbst die unentwegten Sucher nach der Arche Noachs werden allenfalls ein Stück Holz im Eis des Ararat entdecken; was dieses Holz bedeutet und wie es dorthin gekommen ist, werden sie kaum mit Sicherheit sagen können. Doch selbst wenn sie dort oben Reste eines Schiffes fänden, hätten sie nicht mehr als die

Spuren des geschichtlichen Vorfalls gefunden, der die Anregung zur Sintfluterzählung gegeben hat. Die Botschaft der biblischen Sintfluterzählung von der durch menschliche Gewalttat aufs Höchste gefährdeten, aber durch Gottes gnädige Zusicherung in ihrem Bestand garantierten Welt könnten jene Holzplanken weder bekräftigen noch widerlegen.

Zusammenfassung

Auch die moderne Geschichtswissenschaft und die Archäologie helfen zum besseren Verständnis der biblischen Texte. Dabei muss beachtet werden, dass die Bibel nicht beabsichtigt, über bloße Tatsachen zu erzählen; vielmehr teilt sie Erfahrungen mit, die Menschen mit diesen Tatsachen oder Ereignissen gemacht haben. Diese Erfahrungen werden erlebt und gedeutet als Erfahrungen mit Gott. In der Bibel begegnen uns Glaubenszeugnisse.

Lit.: H. *Haag,* Das Land der Bibel. Geographie – Geschichte – Archäologie, Stuttgart 2000 – M. *Noth,* Die Welt des Alten Testaments. Eine Einführung, Freiburg 1992 – H. *Donner,* Einführung in die biblische Landes- und Altertumskunde, 2. Aufl. Darmstadt 1988 – M. *Kellermann u.a.,* Welt aus der die Bibel kommt. Biblische Hilfswissenschaften, Biblische Basisbücher 2, Kevelaer u. Stuttgart 1982, S. 65–116 – H. *Bardtke,* Bibel, Spaten und Geschichte, 2. Aufl. Göttingen 1971 – W. F. *Albright,* Archäologie in Palästina, Einsiedeln 1962 – G. E. *Wright,* Biblische Archäologie, 2. Aufl. Göttingen 1962 – H. *Weippert,* Palästina in vorhellenistischer Zeit. Handbuch der Archäologie: Vorderasien II.1, München 1988 – V. *Fritz,* Einführung in die biblische Archäologie, Darmstadt 1985 – V. *Fritz,* Kleines Lexikon der Biblischen Archäologie, Konstanz 1987 – G. *Lehman/D. Vieweger,* Einführung in die biblische Archäologie, Tübingen 1999 – A. *Negev,* Archäologisches Lexikon zur Bibel, München 1972 – F. *Crüsemann,* Alttestamentliche Exegese und Archäologie: ZAW 91 (1979) 177–193 – *Welt und Umwelt der Bibel,* Zeitschrift für Archäologie, Kunst und Geschichte, erscheint seit 1996 – L. *Woolley,* Ur in Chaldäa, Wiesbaden 1956

10 Bereicherung der historischen Kritik durch andere Methoden

Die Zeiten eines Methodenmonopols sind endgültig vorbei. Unsere Zeit ist durch eine Vielfalt von methodischen Zugängen zur Bibel gekennzeichnet. Bisweilen scheint es zu einem Methodenkrieg zu kommen, aber immer stärker setzt sich die Einsicht durch, dass die oft miteinander konkurrierenden Methoden aufeinander aufbauen und sich gegenseitig bereichern. Das Dokument der Päpstlichen Bibelkommission „Die Interpretation der Bibel in der Kirche" vom 23. April 1993 gibt nicht nur einen Überblick über die wichtigsten und aktuellen methodischen Zugänge zur Bibel, sondern es hebt auch nach einer Prüfung der einzelnen Zugangsweisen ihre jeweiligen wertvollen Elemente hervor. Zu einer solchen Vorgehensweise ermuntert uns die weise Maxime des Paulus „Prüft alles und behaltet das Gute" (1 Thess 5,21).

Lit.: Päpstliche Bibelkommission, Die Interpretation der Bibel in der Kirche. Ansprache Seiner Heiligkeit Johannes Paul II. und Dokument der Päpstlichen Bibelkommission, 23. April 1993, Verlautbarung des Apostolischen Stuhls 115, hrsg. vom Sekretariat der Deutschen Bischofskonferenz – *Bibel und Kirche* 4/1994 (Thema: Zugänge zur Bibel. Das neue Bibeldokument aus Rom) – *Die Interpretation der Bibel in der Kirche.* Das Dokument der Päpstlichen Bibelkommission vom 23. 4. 1993 mit einer kommentierenden Einführung von L. Ruppert und einer Würdigung durch H.-J. Klauck, SBS 161, Stuttgart 1995 – *Ch. Dohmen,* Die Bibel und ihre Auslegung, München 1998 – *G. Steins,* Eine Bibel, viele Zugänge und Leseweisen: E. Zenger (Hrsg.), Lebendige Welt der Bibel. Entdeckungsreise in das Alte Testament, Freiburg u.a. 1997, S. 141–151 – *H. K. Berg,* Ein Wort wie Feuer. Wege lebendiger Bibelauslegung, München und Stuttgart 1991 – *Bibel und Kirche* 3/1989 (Thema: Neuere Zugänge zur Bibel) – *W. Langer* (Hrsg.), Handbuch der Bibelarbeit, München 1987 – *J. Ratzinger* (Hrsg.), Schriftauslegung im Widerstreit, QD 117, Freiburg 1989 – *Th. Sternberg* (Hrsg.), Neue Formen der Schriftauslegung? QD 140, Freiburg 1992

10.1 Sozialgeschichtliche Bibelauslegung

Wie der Name besagt, wird bei diesem Ansatz der Text unter einem sozialen geschichtlichen Aspekt behandelt. Dabei ist die Erkenntnis leitend, dass biblische Texte ebenso wie jede andere Literatur in einem engen Wechselverhältnis zur jeweiligen Gesellschaft stehen. Gegen die pauschale und abstrakte Rede von „der Bibel" lenkt die sozialgeschichtliche Auslegung die Aufmerksamkeit auf einzelne Bereiche der israelitischen Gesellschaft und auf historische Entwicklungen, die ihren Niederschlag in den Texten gefunden haben. Sie zeigt die Vorherrschaft von Recht und Wirtschaft in der Gesellschaft auf und nimmt neben den Königen und Propheten auch den Alltag vor allem der „kleinen Leute" wahr. So kommen zentrale Abschnitte des Ersten Testaments, die aus der christlichen Verkündigung ausgeblendet wurden, erneut zum Sprechen; die großen Rechtsbücher im Pentateuch (z.B. Ex 21 – 23; Lev 17 – 26; Dtn 12 – 26) werden in sozialgeschichtlicher (und rechtsgeschichtlicher) Perspektive wahrgenommen als Formen konkreter, gesellschaftsbezogener und gesellschaftsprägender Gottesrede. Die prophetische Verkündigung tritt in ihrer sozialkritischen Dynamik hervor. Die Armenfrömmigkeit vieler Psalmen beschreibt nicht eine spiritualistische Geisteshaltung, sondern nennt Bedingungen gelebter Solidarität. Obwohl historisch ausgerichtet, zeigt sich deutlich die aktuelle Relevanz sozialgeschichtlicher Bibelinterpretation im Kontext von Unterdrückung und Befreiung.

Lit.: W. Schottroff/W. Stegemann (Hrsg.), Der Gott der kleinen Leute. Sozialgeschichtliche Bibelauslegungen, München 1979 – R. Jost u.a., (Hrsg.), Auf Israel hören. Sozialgeschichtliche Bibelauslegung, Luzern 1992 (mit Beispielen) – W. Schottroff/W. Stegemann (Hrsg.), Traditionen der Befreiung. Sozialgeschichtliche Bibelauslegungen 1: Methodische Zugänge, München 1980 – W. Schottroff/W. Stegemann (Hrsg.), Traditionen der Befreiung. Sozialgeschichtliche Bibelauslegungen 2: Frauen in der Bibel, München 1980 – U. Bail – R. Jost, Gott an den Rändern. Sozialgeschichtliche Perspektiven auf die Bibel. Festschrift für Willy Schottroff zum 65. Geburtstag, Gütersloh 1996 – F. Crüsemann, Tora. Theologie und Sozialgeschichte des alttestamentlichen Gesetzes, München 1992 – ders., Bewahrung der Freiheit. Das Thema Dekalog in sozialgeschichtlicher Perspektive, Gütersloh 1993 – W. Thiel, Gelebte Geschichte. Studien zur Sozialgeschichte und zur frühen prophetischen Geschichtsdeutung Israels, hrsg. v. P. Mommer und S. Pottmann, Neukirchen-Vluyn 2000

10.2 Tiefenpsychologische Bibelauslegung

Obwohl historische Fragen bei diesem Ansatz keine Rolle spielen und oft überscharfe Kritik an der historisch-kritischen Exegese ertönt, gibt es dennoch eine erstaunliche strukturelle Parallele zwischen ihren Ansätzen, denn auch die tiefenpsychologische Exegese, die sich an Carl Gustav Jungs Tiefenpsychologie orientiert, sucht den „Sinn in der Welt hinter dem Text". Die Welt ist nicht die des konkreten geschichtlichen Lebens, sondern die zu allen Zeiten und für die Menschen aller Kontinente gleich bleibende Welt der Archetypen, der Grundmuster, die das Handeln letztlich leiten und die grundlegenden religiösen Erfahrungen der Menschen prägen. Dieser Ansatz hat das Verdienst, die Symbolsprache der biblischen Texte und die therapeutische Seite des Glaubens für suchende Menschen wieder stärker bewusst gemacht zu haben. Die Kritik an der Überbetonung der historischen Fragestellung in der historisch-kritischen Exegese führt die tiefenpsychologische Exegese oft ins gegenteilige Extrem: Sie vergisst den konkreten Text und seine konkrete geschichtliche Situation und beschäftigt sich nur mit der ewig-selbigen Welt hinter dem Text. Die Bibel wird dann nicht mehr ausgelegt, sondern als Führerin in die ewige Welt der Symbole und in die Tiefenschichten der Seele *benutzt*. Die „ursprüngliche" Bedeutung des Textes wird gesucht, aber fremdbestimmt festgelegt. Die Bibel, ein überlieferungsmäßig vielschichtiges Begleitbuch einer Glaubensgemeinschaft, wird so zu einer Sammlung beliebig austauschbarer und erweiterbarer Dokumente, die Aufschluss geben über die Tiefenschichten der Seele. Es wundert nicht, wenn die Ergebnisse tiefenpsychologischer Auslegung oft den Eindruck erwecken, die Erfahrungsfülle biblischer Texte verarme, da bei jeder Geschichte die Phasen der Selbstwerdung herauskommen!

Lit.: *E. Drewermann,* Tiefenpsychologie und Exegese, Band I und II, Sonderausgabe Olten und Freiburg 1991 – *ders.,* Strukturen des Bösen II: Die jahwistische Urgeschichte in psychoanalytischer Sicht, Sonderausgabe Paderborn 1988 – *M. Kassel,* Biblische Urbilder. Tiefenpsychologische Auslegung nach C. G. Jung, München 1980 – *dies.,* Sei, der du werden sollst! Tiefenpsychologische Impulse aus der Bibel, München 1982 – *A. Görres/W. Kasper,* Tiefenpsychologische Deutung des Glaubens? Anfragen an Eugen Drewermann, QD 113, 2. Aufl. Freiburg 1988 – *A. Grün,* Tiefenpsychologische Schriftauslegung, Münsterschwarzacher Kleinschriften 68, Münsterschwarzach 1992 –

Y. *Spiegel* (Hrsg.), Psychoanalytische Interpretationen biblischer
Texte, München 1972

10.3 Strukturalistische Bibelauslegung

Die historisch-kritische Methode ist eine grundsätzlich textbezogene
Auslegung. Sie befasst sich aber einseitig mit dem „Textsinn" als
Aussage des dahinter stehenden Autors. In der strukturalen Analyse
versucht man, am Text und im Text zu bleiben, ihn selbst in seinem
Aufbau, seiner inneren Struktur und Grammatik zu verstehen,
unabhängig von den Intentionen des Autors. So schreitet man den
Text in allen seinen Dimensionen ab, vergisst, was man bereits wusste oder zu wissen glaubte, verzichtet auf vorgefasste Meinungen und
lässt sich einfach auf die Welt des Textes ein. Das klingt gut und
bringt die Exegese sicher voran. Nur sollte man sich nicht der Illusion hingeben, als erschließe sich das Verständnis gleichsam von
selbst, ohne jede Sachinformation und historische Erklärung der
Einzelheiten.
Ein Vorzug der strukturalistischen Methode ist, dass sie die Texte
selbst zum Sprechen bringt. Dagegen sind historisch-kritische Exe-
geten oft der Gefahr erlegen, über den Text zu reden und ihn auf
bestimmte Aussageabsichten einzuengen.
Da eine Strukturanalyse zum Verstehen eines Textes viel beitragen
kann, werden im Folgenden die Schritte der strukturalistischen
Textanalyse näher beschrieben:

Anleitung zur Textanalyse

Erster Kontakt: Lesen Sie den Text und notieren Sie Ihre spontanen Reaktionen: bekannt, neuartig, langweilig, unverständlich, anziehend, abstoßend, herausfordernd ...

Textanalyse: Schreiben Sie sich heraus:
- die *Akteure* (Personen und alle Dinge, die eine Rolle spielen und die Handlung beeinflussen),
- die *Orte* und *Ortsveränderungen,*
- die *Zeitangaben* und *Zeitformen* der Verben,
- die *Aktionen,* die sich innerhalb des Textes vollziehen.

Anhand dieser Notizen, die sicher noch ergänzungsbedürftig sein werden, versuchen Sie die einzelnen Elemente zu ordnen:
- Wie verhalten sich die Akteure zueinander? Wer gehört zu wem? Wer ist gegen wen?
- Was wollen die Akteure bzw. der Hauptakteur? Wer hilft ihm, wer hindert ihn?
- In welcher Beziehung stehen die Orte und Zeiten zu den einzelnen Akteuren?
- Geschieht innerhalb des Textes eine Veränderung (Transformation)? Wer und was verändert sich und wie? Durch wen? Achten Sie auf die einzelnen Etappen. Vielleicht gelingt es Ihnen, ein übersichtliches Diagramm, eine Strukturskizze des Textes anzufertigen.

Kontext: Stellen Sie fest, welchen Platz der Text im Zusammenhang seines Kapitels, seines Buches einnimmt. Führt er völlig neue Personen ein oder schreibt er nur eine schon begonnene Geschichte fort?

Zeitge-schichtliche Umstände: Die folgenden Fragen lassen sich kaum ohne Hilfe eines Kommentars beantworten:
- In welcher Zeit ist der Text entstanden, in welcher ist er niedergeschrieben worden?
- Kann man dem Text etwas über die Situation des Autors oder die Situation des Volkes (der Gemeinde) entnehmen?
- Hatten zu dieser Zeit bestimmte Ausdrücke oder Begriffe eine besondere Bedeutung?
- Zu welcher literarischen Gattung gehört der Text?
- Gibt es ähnliche Texte in der Bibel oder außerhalb der Bibel? Wird das Thema öfters behandelt und wo? Sind Beziehungen zur ägyptischen oder mesopotamischen Literatur vorhanden? Wie sind Ähnlichkeiten und Unterschiede zu beurteilen?

Nochmalige Lektüre: Nach den exegetischen Bemühungen lesen Sie den Text noch einmal langsam durch. Was sagt er Ihnen jetzt?

Nach E. Charpentier, Führer durch das Alte Testament, © 1984 Patmos Verlag, Düsseldorf, S. 18

Die strukturalistische Methode wurde dann durch Textlinguistik und Kommunikationstheorie weiter verfeinert – manchmal bis zur Unübersichtlichkeit: Vor lauter Bäumen kann man den Wald nicht mehr sehen! Dennoch zwingt die Methode einen dazu, den Text ganz genau anzuschauen. Und darauf kommt es wirklich an.

Lit.: K. *Füssel,* Zeichen und Strukturen. Einführung in Grundbegriffe, Positionen und Tendenzen des Strukturalismus, Münster 1983 – *Th. Meurer,* Einführung in die Methoden alttestamentlicher Exegese, Münsteraner Einführungen: Theol. Arbeitsbücher 3, Münster 1999, S. 14–54 – H. *Schweizer,* Biblische Texte verstehen. Arbeitsbuch zur Hermeneutik und Methodik der Bibelinterpretation, Stuttgart 1986 – W. *Richter,* Exegese als Literaturwissenschaft. Entwurf einer alttestamentlichen Literaturtheorie und Methodologie, Göttingen 1971 – E. *Güttgemanns,* Einführung in die Linguistik für Textwissenschaftler 1: Kommunikations- und informationstheorethische Modelle, Bonn 1978 – B. *Kedar,* Biblische Semantik. Eine Einführung, Stuttgart 1981 – H. *Utzschneider/S. A. Nitsche,* Arbeitsbuch literaturwissenschaftliche Bibelauslegung. Eine Methodenlehre zur Exegese des Alten Testaments, Gütersloh 2001

10.4 Feministische Bibelauslegung

Nicht von ungefähr haben Frauen eine feministische Lektüre der Bibel verlangt und durchgesetzt. Die Bibel wurde leider nur allzu oft als Instrument zur Unterdrückung der Frauen eingesetzt. Im Zuge einer Vereinnahmung der Bibel durch Männer wurden spezifisch weibliche Traditionen oder patriarchatskritische, die Gleichwertigkeit der Geschlechter betonende Ansätze der Bibel verschleiert oder ausgemerzt.

Es gibt verschiedene Ansätze feministischer Bibelauslegung. Zum einen wird die Bibel gegen die Auswirkung frauendiskriminierender Auslegung in der Geschichte der Kirche verteidigt und ihr befreiendes Potential aufgedeckt. Zum anderen wird die Bibel als patriarchalisches Relikt abgelehnt und außerhalb der Bibel und ihrer Tradition nach Formen spezifisch weiblicher religiöser Erfahrungen gesucht. Wieder eine andere Art feministischer Auslegung orientiert sich am aktuellen Befreiungskampf der Frauen. Methodisch ist jedenfalls der feministische Ansatz sehr offen und aufnahmefähig. Vor allem die Erforschung sozial- und religionsgeschichtlicher Hintergründe dient der Entdeckung verschütteter und unterdrückter Traditionen in der Bibel, in ihrer Welt und Umwelt und in ihrer 2000-jährigen teilweise verhängnisvollen christlichen Wirkungsgeschichte.

Lit.: H. *Schüngel-Straumann,* Die Frau am Anfang. Eva und die Folgen, Freiburg 1989 – *Ph. Trible,* Mein Gott, warum hast du mich vergessen? Frauenschicksale im Alten Testament, 2. Aufl. Gütersloh 1990 – *dies.,* Gott und Sexualität im Alten Testament, Gütersloh 1993 – *Bibel heute* 2/1990 (Thema: Auf-brechen) – *Bibel heute* 3/1990 (Thema: Sophia, Gott im Bild einer Frau) – *Bibel und Kirche* 4/1984 (Thema: Frauen lesen die Bibel) – *Bibel und Kirche* 4/1995 (Thema: 100 Jahre Woman's Bible) – *M.-Th. Wacker/E. Zenger* (Hrsg.), Der eine Gott und die Göttin, QD 135, Freiburg 1991 – *I. Fischer,* Gottesstreiterinnen. Biblische Erzählungen über die Anfänge Israels, Stuttgart u.a. 1995 – *dies.,* Das Alte Testament – ein Buch für Frauen?, in: E. Zenger (Hrsg.), Lebendige Welt der Bibel. Entdeckungsreise in das Alte Testament, Freiburg u.a. 1997, S. 176–183 – *C. Janssen u.a.* (Hrsg.), Kompendium feministische Bibelauslegung, Gütersloh 1998

Zusammenfassung

Aus der Fülle der neueren Methoden der Bibelauslegung wurden vier Zugänge vorgestellt: die sozialgeschichtliche, die tiefenpsychologische, die strukturalistische und die feministische Bibelauslegung. Sie alle haben ihre eigenen Auslegungsgrundsätze und Deutungsmethoden. Sie alle bereichern die historisch-kritische Methode, die für das Textverstehen unerlässlich bleibt. Die einseitige Anwendung einer Methode engt das Verstehen ein. Zu beachten ist, dass der Sinn biblischer Texte unabgeschlossen und mehrdimensional ist. Biblische Texte haben gegenüber allen Interpretationsversuchen einen *Sinnüberschuss* und dieser will immer wieder neu entdeckt werden.

11 Das Glaubenszeugnis

11.1 Das Problem

Wir haben die Werkzeuge der ersttestamentlichen Exegese und einige ihrer Ergebnisse kennen gelernt. Wir können ein wenig die Mühe abschätzen, die sich Generationen von Bibelauslegern gemacht haben, um den gewaltigen Abstand der Zeitalter und Welten zu überbrücken, der uns von den biblischen Schriftstellern trennt, um so der Gefahr des Missverständnisses zu entgehen. Nehmen wir an, die Anstrengungen hätten zum Ziel geführt: Wir könnten anhand eines biblischen Textes genau verstehen, was sein Verfasser damals im Sinn hatte, als er den Text formulierte. Was haben wir damit gewonnen?

Das Wort Gottes!, möchten wir antworten. In der Tat hat man sich dieser Mühe ja nicht unterzogen, um irgendjemanden aus der Weltgeschichte zu verstehen, dessen Worte irgendwie auf unsere Zeit gekommen sind. Es war der Glaube der Christenheit, in diesem Buch Gottes Wort und Weisung zu finden, der all die Menschen in Bewegung gesetzt hat, die sich mit diesem Buch beschäftigt haben. Haben wir also Gottes Wort, wenn wir das Wort des Verfassers haben? Oder anders formuliert: Wenn wir sicher sagen können, was der Verfasser meinte, wissen wir dann auch, was Gott meint?

Wir stutzen, und beim Lesen des Ersten Testaments vielleicht mehr als bei der Lektüre des Neuen. Manches Befremden, das den Leser befällt, beruht nur auf einem Missverständnis des Textes, und die richtige Erklärung kann es beheben. Aber ein anderes Befremden bleibt. Wir können fragen: Spricht aus einigen ersttestamentlichen Stellen nicht heftige Abneigung gegen Menschen, die nicht zur eigenen Gemeinschaft gehören – und dies ohne jede Differenzierung? (Der Wahrheit zuliebe sei hinzugefügt: Solche Abgrenzungstendenzen finden sich im Neuen Testament auch – z.B. in den johanneischen Schriften.) Hat nicht Jesus sich von manchem abgesetzt, was im Ersten Testament geschrieben steht? Steht hier denn ein Gott gegen einen anderen?

Einer der geistreichsten Männer der Alten Kirche, *Markion,* war tatsächlich dieser Meinung und folgerichtig hat er das Erste Testament aus seiner Bibel gestrichen. Doch ist ihm die Kirche damals zum Glück nicht gefolgt, sondern hat ihn als Ketzer verurteilt. Im letzten

Jahrhundert hat sich der bekannte protestantische Kirchenge-schichtler Adolf Harnack sachlich auf die Seite des Markion gestellt, auch wenn er dessen Versuch für verfrüht hielt. Seine Formulierung ist berühmt geworden:

„Das Alte Testament im zweiten Jahrhundert zu verwerfen, war ein Fehler, den die große Kirche mit Recht abgelehnt hat; es im sech-zehnten Jahrhundert beizubehalten, war ein Schicksal, dem sich die Reformation noch nicht zu entziehen vermochte; es aber seit dem neunzehnten Jahrhundert zu konservieren, ist die Folge einer religi-ösen und kirchlichen Lähmung."

Zwar hat das Erste Testament Harnacks Verdammungsurteil über-standen. Dennoch bleiben Bedenken, die zögern lassen, das Wort des ersttestamentlichen Schriftstellers mit dem Wort Gottes einfach gleichzusetzen. Sollte man denn sagen, dass einige Aussagen des Alten Testaments Gottes Wort sind, andere aber nicht? Findige Leser könnten darauf hinweisen, dass nur ein Teil der Aussagen durch die Formel *„So spricht der Herr"* ausgezeichnet ist. Doch die Gattungs-forschung hat uns gelehrt, dass die Formel *„So spricht der Herr"* unmittelbar weniger auf eine besondere Nähe Gottes als auf einen besonderen *Sitz im Leben* hinweist. Sie gehört zum Auftreten eines Propheten, ganz gleich, ob er die folgenden Worte in einer Schau vernommen oder aus der eigenen Überzeugung formuliert hat. *„So spricht der Herr"* steht auch vor dem schrecklichen Drohwort gegen die Edomiter: „... und doch liebe ich Jakob, Esau aber hasse ich ... Sie sollen nur aufbauen; ich reiße es wieder ein. Man wird sie das Land des Unrechts nennen und das Volk, dem JHWH ewig zürnt" (Mal 1,2–4). Wer informiert ist, der sieht hier das Leiden der Juden seit dem Babylonischen Exil, als sogar das kleine Edom (Esau) sich des Südens Judas mit Hebron und Lachisch bemächtigte. Der Spruch ist also keine abstrakte, überzeitliche Verfluchung, sondern ein Seufzer bedrängter Menschen und ein Ausdruck der Hoffnung.

Vor allem: Wäre nur ein Teil des Ersten Testaments im echten Sinn Gottes Wort, dann wäre die Bibel falsch ausgesucht. Dann dürfte man nur die richtigen Aussagen behalten, die anderen müssten ent-fernt werden, da sie ja nicht Gottes Wort sind. Aber nie hat eine Kir-che diesen Schritt gewagt. Bei aller Anfeindung, auch von Seiten gläubiger Christen, ist das Erste Testament in *allen* seinen Teilen Heilige Schrift geblieben. Mit Recht!

Wenn nun aber des Verfassers Wort nicht einfachhin Gottes Wort ist, wenn auch Gottes Wort nicht neben menschlichen Worten steht –

wie verhält sich dann Gotteswort und Menschenwort zueinander?
Und wie kommt man vom einen zum anderen?

11.2 Gotteswort in Menschenwort

Die historische Forschung hat deutlich gemacht, dass uns im Ersten
Testament Glaubenserfahrungen von Menschen begegnen, die eben
auch Menschen aufgeschrieben haben. Jedes Wort ist zunächst ein
Menschenwort; nur ein solches kann ja die Wissenschaft ergründen.
Es ist allerdings nicht das Wort eines beliebigen Menschen. Der Verfasser war – nach dem traditionellen Sprachgebrauch – *inspiriert*,
das heißt in seinem Denken, Sprechen und Schreiben von Gott
angeregt. Ein Missverständnis ist wohl die Meinung, Gott habe ihm
das diktiert, was er dann aufgeschrieben hat. Wenn es so wäre, wem
hätte Gott beispielsweise die Geschichte von Jakobs Kampf mit dem
geheimnisvollen Wesen am Jabbok zugeraunt? Schon den „Heiden",
die sie zuerst erzählten? Oder erst denen, welche die Namen *Jakob*
und *JHWH* einführten? Oder dem, der zur Deutung des Namens
Israel beitrug? Denn diese lange Entstehungsgeschichte hat uns die
Gattungsgeschichte glücklicherweise sehen gelehrt.
Die alte Erzählung geriet in die Erzähltradition der Gemeinde
JHWHs; dort machte sie eine lange Geschichte mit, bis sie das
wurde, was sie jetzt ist. Die Gemeinde selbst war also der Raum, in
dem Gottes Offenbarung geschah – auf vielfache Weise: als plötzli-
che Einsicht, als Frucht langen Nachdenkens, als Schau eines
Gesichtes, als geschichtliche Erfahrung und Mühen um deren Deutung, als Ergebnis langer Kämpfe, als von allen unmerklich ange-
nommene Wahrheit, von Einzelnen formuliert, von vielen erahnt ...
Gott ging auf besondere Weise mit seinem Volk durch die Geschichte, gab sich ihm durch mannigfaltige Erfahrungen zu erkennen,
deutlicher als anderen Völkern, weil er sich ihm vertrauter machte
als anderen. So entstand allmählich ein Wissen von Gott, das sich in
Worten ausdrücken ließ. Es war Gottes Wort, weil es nie zustande
gekommen wäre ohne den besonderen Umgang, den Gott mit seinem Volk pflegte. Er war es, der Menschen anstieß, ihn in den vielfältigen Erfahrungen des Lebens zu suchen; er war es, der sich finden ließ. Es war der Menschen Wort, weil es Menschen waren, die,
wenn auch durch Gottes Gnade, ihre Erfahrung in Worte fassten, die
einen besser, die anderen mühsamer, so wie Menschen eben ver-

schieden sind. Alle ihre Vorzüge und Begrenzungen, alle Anstöße und Belastungen durch die Geschichte, denen sie ausgesetzt waren, sind mit in ihr Wort eingegangen. Aber *zugleich* ist ihr ganzes Reden und Schreiben Ausdruck der Erfahrung, die sie mit Gott gemacht hatten – als Einzelne in ihrem persönlichen Schicksal oder als Mitglieder der Gemeinde JHWHs, die am Glauben aller teilhatten. Ihre Worte sind nicht Gottes Worte, als hätte Gott sie ihnen sozusagen diktiert; ihre Worte sind Gottes Worte, weil sich in ihnen die Wirklichkeit Gottes widerspiegelt, seine Verheißung und seine Forderung, seine Güte und seine Unbedingtheit.

Dieser Widerschein der lebendigen Wirklichkeit Gottes liegt auf allem, was sie sagten und schrieben, nicht nur auf dem einen oder anderen Satz. Aber er kann dort stärker, da schwächer sichtbar sein. Er kann in einigen Sätzen aufleuchten wie ein Blitz, in anderen sich so verbergen, dass wir nicht immer Zugang finden. Es mag auch an uns und unserer geschichtlichen oder persönlichen Erfahrung liegen, dass wir manchmal hier, ein andermal dort die Offenbarung hinter den Worten erkennen. Die Geschichte der Auslegung des Ersten Testaments, ja der ganzen Bibel, zeigt, welch verschiedene Rolle in verschiedenen Zeiten die einzelnen Teile gespielt haben. Keine Zeit hat sich jemals in gleicher Weise dem ganzen Text zugewandt; jede Zeit hatte ihre bevorzugten Schrifttexte. Dabei enthält das Erste Testament keineswegs ausschließlich Aussagen über Gott. Wenn zwei Menschen sehr eng einander verbunden sind, dann merkt man es nicht nur, wenn einer über den anderen spricht. Die geliebte Wirklichkeit des anderen wirft ihr Licht auf das ganze Leben.

So ist das Erste Testament eine Sammlung vielfältiger Lebensäußerungen, nicht nur eine Sammlung von Ansichten und Gedanken. Hoffnungen und Enttäuschungen, Lebensläufe und Gebete, Forderungen und Trostworte, Anklagen und Entschuldigungen, Flüche und Segenssprüche füllen seine zahlreichen Seiten. Später wurde all das zwar beim Gottesdienst vorgelesen, aber ursprünglich war vieles für andere Gelegenheiten abgefasst. Krieg und Ernte, Familie und Politik waren ebenso *Sitze im Leben* wie der Gottesdienst im Tempel.

Darin liegt die Stärke des Ersten Testaments gegenüber dem Neuen. Manches aus dem Ersten Testament scheint sehr weltlich; einige Lesungen werden, wenn man sie nicht erklärt, den nicht informierten Kirchgänger geradezu schockieren; andere Texte beziehen sich auf längst vergangene politische Ereignisse und bleiben ohne

Hintergrundwissen unverständlich. Das Neue Testament bewegt sich dagegen größtenteils in einem spirituellen Raum: Fast alle seine Texte sind von vornherein für den Gottesdienst geschrieben, einen Gottesdienst, der im Laufe der Zeit immer stärker zu einer Welt für sich wurde.

Zudem ist das Neue Testament enger eingegrenzt: Es umfasst etwa drei Generationen und bringt aus dieser Zeit nur einen bestimmten Ausschnitt. Das Erste Testament hingegen berichtet von einem ganzen Jahrtausend, vom Auf und Ab der Geschichte – insbesondere von der Geschichte eines Volkes, des Gottesvolkes Israel –, von staatlichen und religiösen Revolutionen. Es bringt nicht nur Bekenntnisse, sondern die ganze, oft viele Jahrhunderte lang dauernde Entwicklung dieser Bekenntnisse; nicht nur ruhige Sicherheit, sondern auch Angst und Streit. Es ist von verwirrender, aber auch faszinierender Buntheit. Es hat viele Gesichter und immer wieder entdeckt der Leser, wie überraschend jung manches von ihnen (oder wie alt manches seiner eigenen Probleme) ist.

So ist das Erste Testament mehr als nur ein Lehrbuch. Es ist eine ganze Welt, die den Leser in ihren Bann ziehen will, um ihm zu bezeugen, was sie erfuhr: *die Wirklichkeit Gottes.*

11.3 Bibel und Kirche

Nach alter kirchlicher Überzeugung kann die göttliche Wirklichkeit hinter den Worten der Schrift nur dem aufleuchten, der inmitten der Glaubensgemeinschaft der lebendigen Gemeinde Gottes steht. Wie ist nun diese Hilfe der Kirche zum Verständnis der Schrift näher zu bestimmen?

Eine sehr simple, dennoch grundlegende Tatsache ist zuerst zu nennen. Nur der Gemeinde – der jüdischen wie der christlichen – ist es überhaupt zu verdanken, dass die Bibel bis zu uns gekommen ist. Die Wissenschaft – wie jeder moderne Leser – kann sich mit dem Text nur befassen, weil er von der Gemeinde zusammengestellt und weiterüberliefert wurde. *Die Gemeinde legt die Bibel vor.*

Ebenso wichtig ist die *Erwartung*, die an die Bibel von der Gemeinde gestellt wird, dass nämlich in dem, was die biblischen Verfasser geschrieben haben, göttliche Wahrheit zu finden ist. Die hinter der Bibel stehende Gemeinde wollte von Anfang an durch die Bibel nicht in eine interessante vergangene Welt, sondern zur Wirklichkeit Gottes führen. Selbst der Anhänger der kirchenfeindlichsten Sekte ist von dieser kirchlichen Erwartung noch abhängig. Nicht die Bibel hat ihm gesagt, dass sie Gottes Wort ist, sondern die Gemeinde, welche die Bibel als ihr heiliges Buch überliefert.

Die Frage ist aber noch genauer zu stellen: Abgesehen von dem allgemeinen Hinweis, dass die Bibel Gottes Wort enthält – zeigt die Kirche auch am einzelnen Text, welche göttliche Wirklichkeit hinter den menschlichen Worten steht?

Wer eine amtliche Entscheidung von oben erwartet, wird an eine besondere kirchliche Behörde denken, die den Sinn eines Textes amtlich festlegt. In der Tat gibt es eine solche Behörde. Es ist die von Papst Leo XIII. im Jahre 1902 errichtete *Bibelkommission,* die in strittigen Fragen der Auslegung die Entscheidung fällen sollte. Sie hat denn auch von ihrer Vollmacht ausgiebig Gebrauch gemacht und bis in die dreißiger Jahre des letzten Jahrhunderts hinein eine Reihe von Dekreten veröffentlicht.

Man wird der Kommission nicht Unrecht tun, wenn man feststellt, dass ihre Arbeit nicht sehr glücklich war. Es mag damit zusammenhängen, dass sie sich zu viel mit Randfragen befasst hat, etwa von wem welches Buch verfasst worden ist. Dadurch gerieten ihre Aussagen in Konkurrenz zu den Ergebnissen der wissenschaftlichen Exegese, der die Kommission jahrzehntelang sehr reserviert gegenüberstand. So waren die meisten ihrer Entscheidungen sehr bald überholt und haben heute fast nur noch historischen Wert. Die Kommission hat ihre Arbeitsweise seit der Amtszeit Pius' XII. dann auch völlig geändert. Sie fördert allgemein die Bibelstudien, ohne sich über den einzig rechten Sinn einer bestimmten Stelle zu äußern.

Nun war die Arbeit der Bibelkommission ja nur ein zeitlich sehr begrenzter Versuch einer kirchlichen Behörde, die Schriftauslegung zu beeinflussen. Welche Möglichkeit wurde in den Jahrhunderten vorher genutzt?

Fast jeder bestellte katholische Exeget hat zu Beginn seiner Lehrtätigkeit einen langen Eid ablegen müssen, in dem er unter vielem anderen auch beteuerte, die Schrift so auszulegen, wie die *Väter* sie ausgelegt haben. Unter den *Vätern* versteht man die wichtigeren Bischöfe der Alten Kirche. Wenn man jene Weisung nicht zu eng fasst, wird man sie so verstehen, dass die bekannte Auslegung all derer, die zum ordentlichen Lehramt der Kirche gehören, maßgeblich ist, wobei den Auslegern desto mehr Autorität zukommt, je näher sie der Zeit der Bibel stehen.

Das scheint eine klare Festlegung. In Wirklichkeit ist sie jedoch gar nicht so plausibel. Denn die Väter haben die Schrift keineswegs einheitlich ausgelegt. Viele alte Väter waren begeisterte Anhänger der *allegorischen* (symbolischen) Auslegung. Das brachte mit sich, dass sie oftmals versuchten, für ein und denselben Text eine ganze Reihe von Deutungen zu geben. Zur Festlegung des Sinnes eignet sich ein solches Vorgehen wenig.

Überdies lässt dieser Maßstab der seit Leo XIII. auch von den Päpsten immer wieder empfohlenen modernen Exegese zu wenig Spielraum. Die neuere Wissenschaft vermag Möglichkeiten der Auslegung zu zeigen, von der die *Väter* noch nichts wissen konnten.

Natürlich hätte im Lauf der Jahrhunderte der Papst oder ein Konzil anlässlich einer Dogmatisierung über den Sinn eines Textes befinden können. Doch ist das im strikten Sinn glücklicherweise nie geschehen. Zwar hat man sich bei Glaubensentscheidungen nicht selten auf bestimmte Schriftstellen berufen. Aber diese „Stützen" waren nicht immer zuverlässig. Das hat die Geschichte eindeutig bewiesen.

Eines der letzten Beispiele für die nicht ganz sachgemäße Verwendung eines Bibeltextes ist die Berufung auf das „Protoevangelium" (Gen 3,15) bei der Formulierung des Dogmas von der Unbefleckten Empfängnis Marias. „Feindschaft will ich setzen zwischen dir und dem Weibe, zwischen deinem Nachkommen und ihrem Nachkommen. *Sie* wird dir den Kopf zertreten." So las man in der amtlichen lateinischen Bibel, der *Vulgata*, und bezog das Wort *sie* auf Maria, die Mutter Jesu: Sie zertritt der Schlange, dem Satan, den Kopf. Nun steht heute aber zweifellos fest, dass die Übersetzung der Vulgata falsch ist. Es muss heißen: „*Er* wird dir den Kopf zertreten." Gemeint ist die (kollektive) Nachkommenschaft der Frau, also das Menschengeschlecht. Es entfällt dann jeder ausdrückliche Hinweis auf Maria. Es genügt also nicht, dass in einer autoritativen Entscheidung eine Schriftstelle in einem bestimmten Sinn gedeutet wird, damit sie ein für alle Mal auf diesen Sinn festgelegt wäre; *unmittelbarer* Gegenstand einer Dogmatisierung ist bis heute kein ersttestamentlicher Text und überhaupt kein Bibeltext. Der Schriftsinn wurde und wird durch das Lehramt nicht festgelegt.

Prediger, Lehrer und Bibelleser brauchen eine Hilfe, die ihnen den Schriftsinn nahe bringt, sowie eine Art Gespür für die göttliche Wahrheit. Dieses Gespür entsteht im Gläubigen dadurch, dass er Teil der Kirche ist – dass er teilhat an dem, was in der Kirche geglaubt und erfahren wird. Diese Teilhabe erwirbt er sich durch Menschen, die er kennen lernt, durch Bücher, die er liest, durch den gemeinsamen Gottesdienst, durch den Unterricht, den er bekommt, durch die Erfahrungen, die er macht, durch die Teilhabe an all dem, was vom Geist in der Kirche gewirkt wird. Das heißt: *durch den Geist Gottes selbst.*

Ein Vergleich mag das Gemeinte verdeutlichen. Ein Beduinenjunge, der in der Wüste groß wird, lernt sich in der Wüste zu bewegen. Ein Stadtjunge kennt sich besser im Gewühl der Stadt aus. Wird ein Beduine nun in eine ihm fremde Wüste gesetzt, so wird er sich dennoch irgendwie zurechtfinden; der Städter wäre völlig hilflos. Beide kennen den Ort nicht, aber der eine hat ein Gespür für jene Art der Landschaft, der andere nicht. Ganz ähnlich wird ein musikalisch Vorgebildeter vor einem fremden und schwierigen Musikstück nicht so fassungslos stehen wie einer, der von Musik keine Ahnung hat. Ähnlich gewinnt man durch das Leben in der Gemeinde und Kirche ein Gespür für die göttliche Wahrheit. Dieser geistgewirkte „Verstehensraum" kann für die Suche nach dem Sinn der Texte hilfreich sein.

Im Grunde ist auch der Fachexeget in keiner anderen Lage. Nur ist er von Berufs wegen angehalten, sich intensiver mit den Glaubenszeugnissen und dadurch auch mit dem Glauben der Kirche zu befassen. Er muss in Erfahrung bringen, was andere Ausleger zu einer bestimmten Stelle gesagt haben, und auch, wie deren Auslegung aufgenommen wurde. Wenn er dies alles berücksichtigt, wird auch seine Deutung kirchlich sein.

Ist das nicht alles reichlich vage und ungenau? Es wäre so, wenn es bei der gläubigen Auslegung hauptsächlich um die wahre *Lehre* ginge, etwa um „richtige" Aussagen – soweit es das überhaupt gibt – über Gott. Aber Lehrsätze oder Glaubenssätze im Sinne einer Dogmatik finden sich im Ersten Testament nicht. Es begegnen uns aber grundlegende *Glaubenserfahrungen.* Einige haben Bekenntnischarakter (Dtn 6,21–25: „das heilsgeschichtliche Credo"; Dtn 26,5–9: „kleines Credo"; Dtn 6,4f: „Schema Jisrael": „Höre Israel"). Dazu gehört auch die wichtige Aussage über Gottes Güte und Treue (Ex 34,6: „JHWH ist ein barmherziger und gnädiger Gott, langmütig, reich an Huld und Treue", vgl. auch Ps 86,15; 103,8; Jona 4,2 u.ö.). Alle diese Sätze würden allerdings nur ein kleines Bändchen füllen. Die Bibel und ihr Kommentar wären dann überflüssig. Ihre dichten Glaubenserfahrungen gingen dadurch verloren.

Es geht beim Lesen des Ersten Testaments weniger darum, zu wissen, was man von Gott sagen kann, als darum, wie wir mit Gott leben, wie wir ihn erfahren können. Ein Satz wie *Wasser ist nass* klingt fast banal, aber die Wirklichkeit, die in verschiedenen Situationen je anders erfahren wird, ist viel reicher, vielfältiger, bedrohend oder beglückend. So verhält es sich mit dem unauslotbaren Bekenntnis des Ersten Testaments zu Gott dem *Einen*. Seine Worte sind leicht zu lernen, aber im Licht dieser Einsicht zu leben, immer und überall dem *Einen* zu begegnen – dazu genügen nicht alle Tage des Lebens.

Das Erste Testament bezeugt, wie Menschen mit Gott umgehen und wie Gott mit Menschen umgeht. Von diesem Zeugnis sich anregen zu lassen zum Umgang mit eben demselben Gott – das eigentlich ist Sinn und Ziel jeder Schriftauslegung.

Zusammenfassung

Das ganze Erste Testament ist Gottes Wort. Die biblischen Schriften sind Glaubenszeugnisse. Versuchen gegenüber, das Erste Testament zu diskreditieren – dazu können auch Beschneidungen von Texten im Gottesdienst gerechnet werden –, wäre dies klarzustellen. Gottes Wort wird in menschlichen Worten ausgesagt. Menschen haben ihre Erfahrungen mit Gott in ihren eigenen Worten mitgeteilt. Daher ist jeder Versuch, diese Worte besser zu verstehen, nur zu begrüßen. Die Stärke des Ersten Testaments liegt in seiner Bodenhaftung. Die Texte des Ersten Testaments konfrontieren uns direkt mit konkreten Hoffnungen und Enttäuschungen, mit Heils- und Unheilserfahrungen. Die spannenden Texte fesseln uns und geben uns zu denken. Die biblischen Texte, die als heilige Texte in der Glaubensgemeinschaft überliefert werden, zeigen uns auch den Weg zur Glaubenserfahrung in einer lebendigen Gemeinde. In diesem geistgewirkten Raum kommt die Suche nach dem Sinn der Texte zum Ziel. Wir lernen dann aus dem Ersten Testament, wie Menschen (und eine Gemeinschaft) mit Gott umgehen und wie Gott mit ihnen umgeht, an ihnen handelt.

Bibliographie

Einleitungswerke (in Auswahl)

G. Fohrer, Einleitung in das Alte Testament, 12., überarb. und erw. Aufl.
Heidelberg 1979

F. Gradl/F. J. Stendebach, Israel und sein Gott. Einleitung in das Alte Testament,
Biblische Basis-Bücher 4, Stuttgart 1992

O. Kaiser, Grundriss der Einleitung in die kanonischen und deuteronkanonischen Schriften des Alten Testaments, Bd. 1: Die erzählenden Werke,
Gütersloh 1992; Bd. 2: Die prophetischen Werke, Gütersloh 1994; Bd. 3: Die
poetischen und weisheitlichen Werke, Gütersloh 1994

Ch. Levin, Das Alte Testament, München 2001

A. Ohler, Grundwissen Altes Testament. Ein Werkbuch, Bd. 1: Pentateuch, 3.
Aufl. Stuttgart 1989; Bd. 2: Deuteronomistische Literatur, 2. Aufl. Stuttgart
1988; Bd. 3: Propheten – Psalmen – Weisheit, Stuttgart 1988

R. Rendtorff, Das Alte Testament. Eine Einführung, 5. Aufl. Neukirchen-Vluyn
1995

R. Smend, Die Entstehung des Alten Testaments, 4., durchges. und durch einen
Literaturnachtrag erg. Aufl. Stuttgart u. a. 1989

Th. Staubli, Begleiter durch das Erste Testament, Düsseldorf 1997

F. J. Stendebach, Einleitung in das Alte Testament, Düsseldorf 1994

U. Struppe/W. Kirchschläger, Einführung in das Alte und Neue Testament,
Neuausg. Stuttgart 1998

E. Zenger u. a., Einleitung in das Alte Testament, 3., neu bearb. u. erw. Aufl.
Stuttgart u. a. 1998

Theologien des Ersten Testaments (in Auswahl)

R. Albertz, Religionsgeschichte Israels in alttestamentlicher Zeit, Teil 1: Von den
Anfängen bis zum Ende der Königszeit, ATD Ergänzungsreihe 8/1,
Göttingen 1996; Teil 2: Vom Exil bis zu den Makkabäern, ATD Ergänzungs-
reihe 8/2, Göttingen 1997

W. Eichrodt, Theologie des Alten Testaments, Teil 1: Gott und Volk, 6., durchges.
Aufl. Stuttgart/Göttingen 1959; Teil 2: Gott und Welt, und Teil 3: Gott und
Mensch, 4., neubearb. Aufl. Stuttgart/Göttingen 1961

G. Fohrer, Theologische Grundstrukturen des Alten Testaments, Berlin/New
York 1972

A. H. J. Gunneweg, Biblische Theologie des Alten Testaments. Eine Religionsgeschichte Israels in biblisch-theologischer Sicht, Stuttgart u. a. 1993

O. Kaiser, Der Gott des Alten Testaments. Theologie des Alten Testaments, Teil
1: Grundlegung, UTB 1747, Göttingen 1993; Teil 2: Jahwe, der Gott Israels,
Schöpfer der Welt und des Menschen, UTB 2024, Göttingen 1998

H. D. Preuß, Theologie des Alten Testaments, Bd. 1: JHWHs erwählendes und verpflichtendes Handeln, Stuttgart u. a. 1991; Bd. 2: Israels Weg mit JHWH, Stuttgart u. a. 1992

G. von Rad, Theologie des Alten Testaments, Bd. 1: Die Theologie der geschichtlichen Überlieferungen Israels, München 1961; Bd. 2: Die Theologie der prophetischen Überlieferungen Israels, München 1961

R. Rendtorff, Theologie des Alten Testaments. Ein kanonischer Entwurf. Bd. 1: Kanonische Grundlegung, Neukirchen-Vluyn 1999; Bd. 2: Thematische Entfaltung, Neukirchen-Vluyn 2001

W. H. Schmidt, Alttestamentlicher Glaube in seiner Geschichte, 8., überarb. u. erw. Aufl. Neukirchen-Vluyn 1996

J. Schreiner, Theologie des Alten Testaments, Die Neue Echter Bibel AT, Ergänzungsband 1, Würzburg 1995

E. Sitarz (Hrsg.), Höre Israel! Jahwe ist einzig. Bausteine für eine Theologie des Alten Testaments, Stuttgart 1987

C. Westermann, Theologie des Alten Testaments in Grundzügen, ATD Ergänzungsreihe 6, Göttingen 1985

W. Zimmerli, Grundriss der alttestamentlichen Theologie, ThWiss 3, 7. Aufl. Stuttgart u. a. 1999

Weitere Literatur

M. Augustin/J. Kegler, Bibelkunde des Alten Testaments. Ein Arbeitsbuch, 2., überarb. Aufl. Gütersloh 2000

H. J. Boecker u. a., Altes Testament, 5., vollständig überarb. Aufl., Neukirchen-Vluyn 1996

W. Bühlmann, Schlüssel zu „Gesetz und Propheten". Hinführung zum Alten Testament für die Praxis – eine Handreichung für Schule und Erwachsenenbildung, Luzern/Stuttgart 1984

Ders., Gott in einer kritischen Welt? Ein Schlüssel zu den Spätschriften des Alten Testaments, Luzern/Stuttgart 1991

E. Charpentier, Führer durch das Alte Testament. Düsseldorf 1984

A. Deissler, Die Grundbotschaft des Alten Testaments. Ein theologischer Durchblick, völlig überarb. u. erw. Neuausg. Freiburg u. a. 1995

F. Johannsen, Alttestamentliches Arbeitsbuch für Religionspädagogen unter Mitarbeit von S. Ferme, 2., überarb. Aufl. Stuttgart u. a. 1998

S. Kreuzer u. a., Proseminar I: Altes Testament. Ein Arbeitsbuch, Stuttgart u. a. 1999

M. Oeming, Biblische Hermeneutik. Eine Einführung, Darmstadt 1998

W. H. Schmidt u. a., Altes Testament, Grundkurs Theologie 1, Stuttgart u. a. 1989

A. Wuckelt, Zentrale Texte des Alten Testaments. Eine Praxishilfe für den Religionsunterricht in der Sekundarstufe I, München 1985

E. Zenger (Hrsg.), Lebendige Welt. Entdeckungsreise in das Alte Testament, Freiburg u. a. 1997